REIKI

A Compaixão de Deus por Nós

Inês Telma Citelli

REIKI

A Compaixão de Deus por Nós

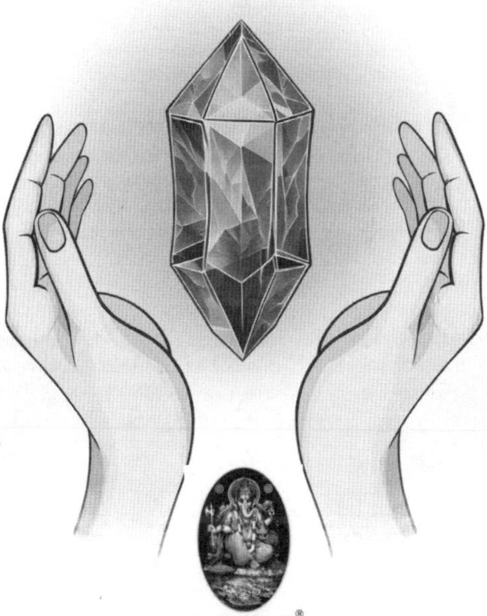

MADRAS®

Editor:
Wagner Veneziani Costa (*in memoriam*)

Produção e Capa:
Equipe Técnica Madras

Ilustração da Capa
Rafaella Tuma

Revisão:
Ana Paula Luccisano
Neuza Alves

Dados Internacionais de Catalogação na Publicação (CIP)
(Câmara Brasileira do Livro, SP, Brasil)

Citelli, Inês Telma
Reiki : a compaixão de Deus por nós / Inês Telma Citelli.
São Paulo : Madras Editora, 2024.

ISBN 978-65-5620-074-3

1. Autoajuda 2. Reiki (Sistema de cura) 3. Reiki (sistema de cura)
Manuais, manuais, etc. I. Título.
24-204693 CDD-615.852

Índices para catálogo sistemático:
1. Reiki : Sistema universal de cura 615.852
Eliane de Freitas Leite - Bibliotecária - CRB 8/8415

MADRAS EDITORA LTDA.
Rua Paulo Gonçalves, 88 — Santana
CEP: 02403-020 — São Paulo/SP
Tel.: (11) 2281-5555 - (11) 98128-7754
www.madras.com.br

Índice

Interatividade

Com o intuito de trazer o conhecimento do Reiki ao maior número possível de pessoas, produzimos, com muito carinho, diversos vídeos que estão disponíveis na plataforma YouTube – Via Dandhara.

Esses vídeos suplementam os temas abordados nesta obra e permitem que desfrutemos da tecnologia existente para transformar a leitura em oportunidade de interação bastante proveitosa.

Para isso, basta estar conectado à internet e direcionar a câmera do seu celular para o QR-Code cada vez que o encontrar.

Introdução

Meu primeiro contato com o Reiki ocorreu às vésperas do desencarne de minha mãe, por consequência de câncer. Recebi uma sessão de Reiki por insistência de um tio Reikiano, em minha casa. Minha mãe, nos últimos anos, falava de Reiki e eu achava graça. Dizia para ela: "Mãe, a senhora é uma pessoa tão inteligente, tão vivida, como pode acreditar nisso? ".

Embora estivesse totalmente desequilibrada emocionalmente naquele dia, resisti o quanto pude para não receber essa energia. Eu não acreditava em nada disso, mas naquela tarde não tinha força nem para argumentar. Foi uma época de muito sofrimento. Minha mãe sofreu demais e eu, vendo-a padecer, sofria junto.

Três anos antes, havia passado o mesmo com minha irmã, que também morreu de câncer. Eu ainda não havia me recuperado de todo aquele pesadelo e já estava dentro de outro. Tentava transmitir confiança para minha mãe, mas quando saía de perto dela, chorava compulsivamente. Não conseguia mais dormir, comia demais, estava totalmente abalada.

Foi nesse contexto emocional, o pior possível, quando me deitei para receber minha primeira sessão de Reiki. Embora totalmente descrente de que receberia alguma ajuda, estava prestes a ter uma das maiores e melhores experiências da minha vida. Enquanto recebia Reiki, senti a presença de minha irmã querida. A saudade dela me corroía a alma. E lá estava ela, minha irmã, participando daquele momento inesquecível. Ela me levou para um lugar lindo, embora eu soubesse que estava deitada, em minha casa. Lembro-me daquele momento único. Em uma praia, ficamos sentadas sobre o mar, com roupas de tecido fino, longas e claras. Ela me falou sobre a morte e a respeito da eternidade. Mostrava objetos da nossa mãe, os móveis, as roupas, e dizia que tudo aquilo era descartável e que ela iria apenas mudar de corpo. Contou-me sobre ela e disse que estava bem. Ali ficamos por toda a sessão de Reiki. Quando meu tio acabou de aplicar Reiki em mim, eu me sentia plenamente restaurada, física e emocionalmente. Estava inteira! Foi a experiência mais fantástica que tive em toda a minha vida. Nada foi tão real e curador. Poucos dias depois, minha mãe desencarnou e vivi meu luto de maneira mais leve.

Embora essa experiência tivesse me dado um alívio para o coração, minha vida seguiu sem rumo, sem grandes expectativas. Eu havia perdido duas pessoas que muito amava em um curto espaço de tempo, o que gerou em mim uma onda de insatisfação e descaso com a vida. Meus três filhos ainda eram crianças e nem a presença deles conseguia me confortar. Fui trabalhar com meu marido, mas a tristeza era tão grande que foi preciso um acidente para me acordar do pesadelo em que me encontrava.

Voltando de férias com minha família, sofremos um acidente. Nosso carro bateu atrás de um caminhão. Foi um acidente perigoso, era noite, e quando avistamos o veículo já não havia o que fazer. No momento da batida, ouvi muito claramente que o carro ia parar. Escutava: vai parar... E de fato parou a tempo suficiente para que ninguém se machucasse. Na véspera do acidente, eu havia sonhado com minha mãe. No sonho, ela tinha me levado a um lugar onde minha vida iria ser novamente ajustada. Dessa vez, não era meu corpo e minhas emoções que estavam em desequilíbrio, era toda a minha existência: meu casamento, meu trabalho, meu mundo. No sonho, entrei em uma sala enquanto minha mãe permanecia com as crianças lá fora. Uma pessoa me mostrou um desenho sobre uma mesa. Tudo estava fora do lugar, mas esse indivíduo foi encaixando algumas peças, parecendo um jogo. Acordei animada, lembrei-me da experiência que tivera com o Reiki, dois anos antes, e soube naquele momento que eu estava recebendo ajuda e que minha vida iria mudar. Contudo, antes que pudesse me deitar novamente, na noite seguinte, voltando para casa e voltando para minha vida, ocorreu o acidente. O susto desse episódio me despertou para a vida que tenho hoje.

Tudo acabou bem, e apesar do abalo do acidente, poucos dias depois, procurei um curso de Reiki.

Na minha primeira aula, consegui compreender o que essa técnica era capaz de fazer pelas pessoas, pois eu já havia tido uma experiência que não podia ser desprezada. Era o momento de levar a sério aquilo que me salvou de mim mesma e poderia fazer isso por mais pessoas. Foi então que resolvi me dedicar de verdade ao estudo e à prática do Reiki. São quase 30 anos de experiências maravilhosas, encontros e desencontros, além de muito aprendizado.

Neste livro, compartilho o fruto deste trabalho, das minhas maiores buscas e dos meus maiores anseios, que é colaborar para um mundo melhor, levando uma mensagem de alívio das dores e dos sofrimentos dos seres humanos e dos animais.

"Via Dandhara" é o nome do meu espaço onde ministro meus cursos de Reiki, em Ribeirão Preto/SP. Após a pandemia, meus cursos se expandiram também para o formato *on-line*. Além dos cursos de Reiki, temos as Jornadas, que é um trabalho concentrado na energia do Reiki e na mudança de comportamento diário, formando novos hábitos.

Em 2017, lancei dois livros publicados pela Madras Editora: *Dandhara: a Via entre a Culpa e a Liberdade*; e *Mesa Reikiana: uma Fonte Inesgotável de Energia Vital*, os quais recomendo a leitura.

Temos um trabalho voluntário Mundo de Dandhara, em favor das crianças e dos animais carentes, construindo casas e reformando corações, em uma comunidade em Ribeirão Preto.

Nossa missão é trabalhar pelo despertar da consciência. Despertar o que existe de verdadeiro dentro de cada um de nós e trazê-lo para a vida. Nesse caminho, a noção de tempo e espaço deixa de existir, não há pressa, não há atraso, porque não há tempo cronológico. Existe apenas a compreensão dos fatos. Quando conseguimos sair da ignorância em que vivemos, dentro da ilusão que criamos, tudo aos poucos se ajeita.

Há uma definição de que gosto muito, do livro *O Poder da Autorresponsabilidade*, de autoria de Paulo Vieira:[1]

Consciência é a principal característica humana. É a percepção ou entendimento que permite ao ser humano vivenciar, experienciar e compreender os aspectos do mundo que o cerca e também do seu mundo interior. Ela nos permite entender os "porquês", as causas e os efeitos do que acontece em nossas vidas. Possibilita ainda que nos coloquemos corretamente na linha do tempo, isto é, nos faz perceber com clareza que o passado influencia nosso presente e que o presente influencia nosso futuro.

---

1. VIEIRA, Paulo. *O Poder da Autorresponsabilidade*: a Ferramenta Comprovada que Gera Alta Performance e Resultados em Pouco Tempo. São Paulo: Gente, 2018.

Nossa vida é o resultado dos nossos conflitos, de nossas aflições, de nossos conhecimentos e de nossas experiências. E tudo isso resulta em nossa vibração. Somos seres imortais existindo em um corpo físico, morando temporariamente em um planeta que nos permite compreender as Leis Universais, bem como despertar as virtudes que trazemos em nossa essência.

Com este livro não pretendo provar nada, justificar, nem convencer ninguém das minhas crenças. Não tenho dados científicos. O que almejo realmente é compartilhar minhas experiências pessoais e terapêuticas. Se minha história tocar seu coração, não hesite em ir mais além. Há um mundo maravilhoso a ser descoberto por você: seu próprio mundo!

Antes que você comece a ler, gostaria de deixar mais uma mensagem: seja lá como estiver sua vida hoje, e o que você construiu até agora, acredite – dá para ser diferente. Dá para mudar aquilo que não faz você feliz. Nosso comportamento dependerá do que há em nossa mente e em nosso coração. As mudanças irão acontecer à medida que nos abrirmos para uma nova consciência de Luz, Amor e Cura.

Comece acrescentando uma dose diária de prazer e alegria nos seus dias, tente se lembrar de coisas e situações que fazem bem a você. Isso, por si só, já é um grande antídoto para qualquer doença e um grande aliado da cura. Não fique aguardando a felicidade como se fosse um presente que ganhará no final da vida, embrulhada. A felicidade é construída de pequenos momentos, alegres e espontâneos.

Invista também em hábitos saudáveis e construtivos, pois eles lhe darão o suporte para um novo recomeço.

Acredite no seu potencial. Sim, você tem permissão para recomeçar e ser feliz!

Matéria e Energia

Somos energia e tudo acontece a partir desse princípio universal. O grande desafio é manter energia vital suficiente para conservar nossa saúde – física, mental, emocional e espiritual.

A energia vital sustenta nossa vida na Terra. Precisamos dela para viver, para ter saúde e realizar nossos desejos. Todos os dias, trocamos energia com o Universo. Ganhamos e perdemos energia por meio da alimentação, dos relacionamentos, dos nossos comportamentos, de nossas emoções e de nossos pensamentos.

Tudo consome energia vital. Considerando que nosso cotidiano é permeado por sentimentos e hábitos ruins, além de contextos de vida difíceis, devemos nos lembrar de cuidar da nossa vibração, porque ela irá atrair mais do que vibramos. Se vibramos muito baixo, atrairemos situações difíceis; se vibrarmos alto, teremos ideias e orientações dignas das altas vibrações.

Se o nível energético estiver escasso, não teremos como recuperar nossa saúde e os desgastes da vida, e tudo vai parecer ficar mais pesado e lento. Se o nível de energia é suficiente, teremos energia para restaurar, equilibrar e manter nossa atividade, buscando nossas realizações. Eu tenho certeza de que você conhece pessoas que representem os dois lados: indivíduos desanimados, que não conseguem sair do lugar; e seres humanos ativos, que produzem, que estão sempre prontos para agir e conquistar novos patamares.

Energia é fundamental para produzir, criar, viver e se manter ativo na vida. Quando estamos em contato com a Natureza, quando estamos perto das pessoas que amamos, quando fazemos coisas que nos dão prazer, quando nos alimentamos de forma saudável e natural, quando dormimos bem, nos exercitamos, somos abastecidos de energia vital.

Todos nós, sem exceção, trocamos energia com pessoas e lugares. Podemos transmutar nossa energia quando meditamos, com o Reiki, quando pisamos na terra, quando cantamos, quando praticamos exercícios físicos. A energia vital vem de Deus, do amor, da compaixão, dos melhores sentimentos. O amor nos abastece de energia por meio da respiração correta, dos bons pensamentos, do Sol, de um banho, das plantas, da música boa. A autoestima ajuda; o amor-próprio ajuda; o altruísmo ajuda; a oração ajuda.

A falta de energia gera doenças, porque o corpo só consegue se recompor dos desgastes diários se houver força suficiente para isso. O corpo usa a energia que tem. Assim, se nos excedemos fazendo nosso corpo gastar mais energia do que possui, a energia vital começa a ser retirada dos nossos órgãos principais e glândulas.

A escassez energética pode chegar a tal desequilíbrio que até a alma começa a sofrer. Muitas vezes, buscamos ajuda nos remédios, mas eles cuidam das consequências geradas por todo o desgaste físico e emocional, não nos abastecem de energia.

Sem saída e sem saber o que fazer nos perdemos na inconsciência, e o que era fácil passa a ser difícil; o que era simples fica complicado; o que era normal resolver se torna um absurdo. Passamos a perder energia, mais e mais, até desistir e aguardar um milagre para recomeçar, porque perdemos a esperança e já não sabemos o que fazer.

É isso que vejo acontecer com muitas pessoas. Elas começam a viver o fim antes de ele chegar. Já não sonham, não têm planos, não possuem mais esperança, não vivem, simplesmente, porque não têm forças.

Vivemos preocupados com o trabalho, com a família, com o corpo e nos esquecemos do principal: como está nossa energia. Somos feitos dela, e tudo o que fazemos, nossas vivências e convivências, resulta da qualidade dessa energia. Se estivermos bem, dispostos, saudáveis e bem-humorados, nossa energia está positiva, está tudo bem. Mas se já acordamos mal, indispostos, sentindo dores e mal-humorados, nossa energia vital está escassa.

Quando não há troca energética saudável e satisfatória, nosso corpo e nossa vida começam a estagnar e tudo parece mais difícil de superar, inclusive situações rotineiras. Viver no plano físico torna-se um fardo, porque começamos a acumular negatividade em nossa aura.

Nossa saúde física e emocional depende da nossa percepção sobre como estamos. Quando a doença se instala em nosso corpo físico é porque não prestamos atenção suficiente aos sinais que ele nos enviou. Não adoecemos de repente. De saudáveis ficamos doentes. Primeiro há o descuido, falta de carinho com as próprias necessidades. Má alimentação, sedentarismo, emoções negativas, traumas não resolvidos, falta de prazer, relacionamentos conturbados, pensamentos confusos, inércia, baixa autoestima, estresse constante, tudo isso leva a enfermidades.

Dependendo de como estamos energeticamente, atraímos coisas boas e ruins, relacionamentos agradáveis ou desinteressantes, pensamentos prósperos ou negativos. No livro *Você Pode Curar Sua Vida*,[2] Louise Hay explica sobre os sinais que o corpo dá e sua relação com nossas emoções. Por exemplo, ela cita as enxaquecas, que estão relacionadas a muita pressão em torno de si: "As enxaquecas quase sempre se relacionam com a pressão autoimposta".

Quando o corpo tem energia vital suficiente, ele mesmo pode acessar sua inteligência e se restaurar. O problema é que quando ficamos doentes, já não estamos conseguindo acessar essa inteligência, ou porque estamos desconectados, ou estamos carentes de energia vital.

Quando adoecemos, mudar as atitudes passa a ser uma tarefa muito difícil, porque normalmente a doença nos impossibilita de agir da maneira como deveríamos. Ela nos distancia daquilo que um corpo saudável tem condições de fazer e só nos resta, muitas vezes, aguardar que as coisas melhorem por si, com a ajuda do tempo, de medicamentos ou de outras formas de tratamento. Contudo, enquanto aguardarmos, podemos buscar o autoconhecimento, a autorreflexão sobre o que fazemos e dos resultados das nossas ações. Podemos olhar no espelho e perguntar: o que devo fazer agora?

O caminho da cura é o inverso do que nos leva a adoecer, porque são os fatores desajustados que provocam distúrbios no organismo. É preciso ter disciplina mental, emocional e física, com uma alimentação saudável, equilibrada, pensamentos elevados, descanso, prazer no dia a dia, relacionamentos

2. HAY, Louise. *Você Pode Curar Sua Vida*. Rio de Janeiro: *Best-Seller*, 2000.

compensadores, exercícios físicos constantes, autoestima elevada. Somente quando paramos para olhar de frente nossos problemas é que podemos encontrar que pensamentos e crenças nos fizeram agir de maneira doentia. E, então, precisamos seguir um caminho mais saudável, em um ritmo positivo, com comportamentos que melhoram nossas condições.

Viver bem não é tão simples assim; se fosse, todo mundo seria feliz, saudável e realizado. A grande questão é: você cuida da sua energia? Como está se sentindo neste momento?

A sinceridade em responder a essa pergunta irá conduzi-lo ao grande despertar, o despertar para uma vida melhor. Um pouco melhor a cada dia, em todos os níveis de sua vida: físico, material, profissional, nos relacionamentos.

Não aprendemos isso na nossa infância. Não aprendemos a cuidar da nossa energia na escola e tampouco com nossa família. Então, crescemos e também não temos modelos para seguir. Nossos amigos, igualmente, não aprenderam a se cuidar. Mas agora

já podemos escolher uma nova forma de viver nossas vidas, porque estamos conhecendo algo encantador, uma energia extra, vinda do Universo, canalizada, pura, pronta para agir em nossas existências.

Ideograma japonês que simboliza a palavra Reiki:

1. Chuva maravilhosa de energia vital.

2. Chuva maravilhosa que dá vida.

3. A ideia de algo que vem do cosmos e que seu encontro com a terra produz o milagre da vida.

4. Chuva maravilhosa que produz o milagre da vida.

5. A comunhão de uma energia superior com uma terrena, que se pertencem mutuamente.

6. Uma energia maravilhosa que está acima de todas as demais, está em você e você pertence a ela.

A História do Reiki

Em 15 de agosto de 1865 nasceu Mikao Usui, no Japão. Pouco se sabe sobre a vida dele, mas por suas diversas viagens e muito estudo, acredita-se que ele tenha vindo de uma família rica.

Até 1850, o Japão estava fechado para o mundo ocidental, pois, até então, o Japão era uma sociedade fechada. Isso fez com que os Estados Unidos forçassem o Japão a abrir seus portos e sua economia ao restante do mundo. Essa abertura trouxe uma torrente de ideias novas e tradições de todo o planeta para dentro do país.

Ele cresceu durante um período muito importante do Japão. Naqueles anos de sua juventude, seu país estava passando por rápida industrialização. Essa mudança criou uma necessidade em manter acesas suas tradições e reacender as antigas.

Durante sua juventude, ele frequentou um templo budista e lá aprendeu várias técnicas de como armazenar energia de cura. Provavelmente esse aprendizado tenha colaborado para as buscas posteriores.

Na fase adulta, trabalhou como homem de negócios, servindo como secretário particular do político Shinpei Goto, diretor da carteira de Saúde e Bem-estar; mais tarde, foi prefeito de Kyoto. Nessa atividade, Dr. Usui conheceu gente muito influente no Japão. Esses contatos o ajudaram a se tornar independente e, finalmente, vir a ser um próspero homem de negócios até 1914.

A partir desse ano, as coisas tomaram outro rumo. Ele resolveu se converter em monge budista.

No meu ponto de vista, Mikao prosperaria em qualquer ramo que escolhesse, por sua dedicação, inteligência e capacidade de ir além do que as pessoas costumam ir. Por sorte da humanidade, ele se concentrou na prática do Budismo, regressando ao Monte Kurama, onde tudo começou.

Ele estava buscando encontrar um estado permanente de paz.

Ficou em um mosteiro Zen por três anos, tentando se libertar do ego, pois entendia que esse era o primeiro passo na busca da iluminação. Trabalhou em serviços comuns, até que um mestre Zen o orientou a jejuar durante 21 dias, dizendo que esse era o caminho mais seguro.

Após os 21 dias de meditação e jejum, em março de 1922, ele teve a revelação que buscava. Nesse momento, foi sintonizado com a energia do Reiki. Soube naquele instante que a cura não viria mais do acúmulo de energia vital que ele aprendeu na juventude; que essa energia poderia ser canalizada do Universo.

Ele sentiu que sua consciência foi expandida, que havia agora uma força poderosa, uma energia vital fluindo.

O Monte Kurama, onde tudo isso aconteceu, é considerado um lugar sagrado, no qual outras revelações já haviam acontecido. Fica perto de Kyoto, e é o coração espiritual do Japão.

Mikao Usui constatou com seu mestre Zen a iluminação que havia tido e, a partir daquele momento, dedicou-se a espalhar a cura e os ensinamentos do Reiki.

Depois de muitas experiências e constatações, ele abriu uma clínica e, assim, começou a divulgação dessa técnica de cura nova e original.

Usui faleceu no dia 9 de março de 1926, aos 60 anos. Em pouco tempo, ele ensinou mais de 2.000 alunos de Reiki e se tornou um grande curador.

Reiki no Ocidente

Um ano antes de morrer, Mikao pediu a um de seus seguidores, Dr. Chujiro Hayashi, que começasse uma associação nova. Provavelmente, ele pressentia que, se morresse, se não houvesse outra associação, o Reiki acabaria sendo esquecido.

Assim Dr. Hayashi fez, e graças a essa inspiração de Usui, o Reiki continuou a ter seguimento.

Uma das alunas do Dr. Hayashi, sra. Takata, foi fundamental para a expansão da técnica Reiki. Ela divulgou o Reiki nos Estados Unidos, e hoje sabemos que todo o mundo pode ter acesso a essa prática, não somente o Japão e os Estados Unidos.

No Brasil, o primeiro seminário de Reiki ocorreu em novembro de 1983.

De lá para cá, está cada vez mais conhecido, graças ao empenho e à iluminação do nosso mestre Mikao Usui, ao Dr. Chujiro Hayashi e à sra. Hawayo Takata, que fizeram um excelente trabalho. Mesmo sem a presença de Mikao, temos hoje a possibilidade de conhecer o Reiki, nos tornarmos Reikianos e, principalmente, receber essa energia maravilhosa.

Johnny De' Carli, em seus livros, esclarece com detalhes todo esse acontecimento, inclusive a ordem cronológica dos fatos. Ele aborda muito bem o contexto social e econômico, fazendo ligações entre as buscas de Mikao Usui e a situação do mundo.

Se estamos aqui fazendo os agradecimentos, agradeço também a esse autor, Johnny De' Carli, que, com sua dedicação, deixa todas as informações disponíveis.

Quando comecei minhas buscas com o Reiki, não havia essa facilidade toda que há na internet. Os livros dele e de Barbara Brennan foram muito úteis e até hoje são bastante valiosos.

O que é Reiki?

Reiki é a energia vital universal transmitida pelas mãos de um canal Reikiano. Reiki equilibra, vitaliza e transmuta a energia física, emocional, mental e espiritual, e promove a harmonização profunda em todos os nossos chacras. Pode ser usado em pessoas, animais e plantas, e para limpar e proteger casas, ambientes de trabalho e objetos.

O Reiki age em um nível de frequência energético superior ao do corpo físico e provoca uma transformação energética no organismo, pois acelera a velocidade das reações bioquímicas envolvidas no processo de cura natural do corpo. O Reiki limpa e purifica as energias deletérias instaladas, desintoxica átomos e moléculas, ampliando o processo bioenergético dos corpos sutis, auxiliando na recuperação do corpo físico e do alívio das angústias emocionais.

Essa energia pode ser transmitida pessoalmente, com imposição das mãos, ou a distância, com a mesma capacidade de atuação.

Minha definição de Reiki é: Reiki é a compaixão de Deus por nós. Não importa o que você tenha feito até agora, não importa o quanto se prejudicou com pensamentos, sentimentos e atitudes negativas, o quanto tudo isso o enfraqueceu, você pode mudar. Tudo pode mudar porque tudo é energia, tudo é movimento. Se você altera sua vibração, sua saúde muda. Você muda sua frequência, seus relacionamentos se transformam. Você modifica seu comportamento, seu trabalho muda. A vida é uma eterna mudança.

Nada é estático, nada é para sempre. Há constantemente uma forma nova de fazer as coisas. E se ainda não acertou a maneira que funciona para você, tente novamente, de um novo jeito. Busque um novo modo, um novo pensamento, um novo sentimento. Aguarde na certeza de que a mão de Deus estará em sua vida. O Reiki é apenas uma amostra do que Deus pode fazer por você.

O Reiki está à nossa disposição, neste mundo onde a grande maioria das pessoas já perdeu a esperança, a fé e a saúde. Dá para ser diferente, sempre dá para melhorar, todos os dias. Não precisamos viver nossa vida sendo arrastados por ela, mas a conduzindo.

A energia do Reiki traz alívio, equilíbrio, transmutação, proteção, força, poder pessoal, purificação. O Reiki promove o despertar da consciência. Age nos planos sutis e físicos, trabalhando os registros de nossas memórias. Falaremos melhor sobre esses registros no capítulo "Como se Tornar um Reikiano".

Mas, Afinal, o que é a Cura?

Qual é a origem da palavra cura?
verbo transitivo e pronominal

1. Restabelecer ou recuperar a saúde; pôr fim a uma doença.
2. Sarar, tratar.
3. Corrigir(-se) ou libertar(-se) de vício ou defeito.
4. Ter atenção ou cuidados com (ex.: *preocupou-se em curar a sua análise*). = CUIDAR, OCUPAR-SE, TRATAR ≠ DESCUIDAR, DESCURAR

"cura", in *Dicionário Priberam da Língua Portuguesa* [em linha], 2008-2024, < https://dicionario.priberam.org/cura>.

Eu coloquei essas definições encontradas no dicionário porque definem muito bem o significado. Principalmente quando diz *"ato de cuidar, de vigiar"*.

Você já tinha reparado nessa definição de cura? Ou apenas naquela que estamos acostumados em um consultório, escutando do médico, sobre não haver mais o diagnóstico de alguma doença anterior relatada?

O significado de cura indicando cuidar e vigiar é, em minha opinião, o mais perfeito. Porque, se tudo é movimento, se tudo sofre mudanças o tempo todo, como podemos afirmar o resultado de algo, se o processo é o que realmente conta? Hábitos nocivos, como o consumo do álcool, o sedentarismo, entre dezenas de comportamentos negativos, em algum momento trarão seus resultados. Assim como uma rotina consciente, construtiva, sadia, também irá se expressar seus resultados positivos em algum instante.

Quem é mais saudável: um jovem sedentário que não apresenta nenhuma doença, que come *fast-food* quase todas as noites, tem sono irregular, uma rotina estressante, mas que ainda não apresenta nenhum problema físico, ou alguém em uma idade mais avançada, que mesmo com suas limitações físicas mantém uma alimentação regrada, bons hábitos de leitura e exercícios físicos, com sono regular, um coração tranquilo?

Quem é mais saudável: aquele que não tem nenhuma doença, nenhuma dor, mas que não cuida nem vigia sua saúde física, emocional e mental, e está sempre cansado, irritado ou triste, ou alguém que está se esforçando para criar bons hábitos?

Entende como a palavra cura pode ser substituída por cuidado? Uma pessoa que se cuida, que cuida do que pensa, do que sente, do que faz, do que fala, do que come, esse indivíduo, mesmo que com algumas restrições físicas, está ativo em sua própria vida, colaborando com sua saúde, em vez de todos os dias agir contra.

Quando Mikao Usui descobriu o Reiki, ficou tão entusiasmado que resolveu ficar entre as pessoas mais carentes e curá-las de todas as doenças, a fim de que pudessem restaurar suas vidas e seguir em frente.

Mas o que pôde perceber com o tempo é que a cura não se dava pela imposição de mãos. Na verdade, a cura é uma mudança de comportamento. Porque doenças tratadas, dores sanadas, são tão passageiras quanto um devedor compulsivo quando recebe o dinheiro para pagar suas contas. Não é sobre dar mais dinheiro ao gastador, mas curar o comportamento sobre o gastar com responsabilidade.

Assim acontece com todos nós. O Reiki traz a energia que o corpo está precisando no momento, muda a vibração, mas o comportamento diário trará de volta as consequências relativas.

Trata-se de mudar nossa maneira de pensar, nossa forma de agir, buscando uma forma mais sensata de lidar com o corpo físico, com as pessoas, com o dinheiro e com o trabalho.

Assim como uma gastrite pede um alimento mais suave, a cura não acontecerá sozinha se não houver uma nova postura. Medicamentos, Reiki, acupuntura e infinitas ferramentas de restabelecimento da saúde não conseguem superar a participação da pessoa em sua recuperação. O cuidado deve existir dos dois lados, do indivíduo e do médico ou terapeuta.

Adoecemos quando algo essencial não é valorizado e não cuidamos com carinho. O equilíbrio está em conseguir perceber o quanto estamos supervalorizando o que não importa e subestimando o que é essencial.

O Maior Benefício do Reiki

Após anos de estudo e trabalho, considero importante destacar dois pontos fundamentais para que se entenda o Reiki:

O Reiki é uma técnica que canaliza a energia vital universal por meio das mãos.

O Reiki está ancorado em conhecimentos sólidos, transformados em princípios básicos trazidos por Mikao Usui, que sustentam sua prática.

É importante compreender o indivíduo na sua plenitude – corpo físico, mental, emocional e espiritual – e o conceito de tempo, não só como registro cronológico, mas também como intervalo de resposta do nosso corpo energético.

Assim, o maior benefício do Reiki é a capacidade de suprir energeticamente nossos campos vibracionais, elevando nossa frequência, proporcionando o ânimo e a disposição para recomeçar todos os dias.

Aliás, desde quando compreendi que minha frequência vibracional melhorava a cada autoaplicação de Reiki, a faço todos os dias, como um hábito.

Corpo em Sua Plenitude: Você em Quatro Níveis

Para uma visão mais ampla sobre nosso corpo, vamos fazer a seguinte analogia: imagine que você mora em uma casa e nela existam alguns cômodos ocupados com objetos antigos, sem serventia, enquanto você se encaixa no pouco espaço desocupado que ainda resta. Há infiltrações e a instalação é inadequada, perigosa. As paredes estão descascadas, há buracos nelas, faltam telhas, o piso é antigo e está solto em alguns pontos. Os cômodos foram planejados quando você ainda não tinha nascido. Enfim, você está muito insatisfeito, pois essa casa não corresponde às suas necessidades.

O que faria se soubesse que você teria de morar ali até o fim de sua vida, que não poderia se mudar? Ficaria nela até que desmoronasse? Até que ela ficasse inabitável e fosse derrubada? Ou iria reconstruí-la e torná-la agradável? Faria o que fosse possível para que ela ficasse confortável?

Pense nisso e reflita como as casas das pessoas que o cercam estão. Compare-as. O que será que aconteceu para que algumas tenham sido abandonadas pelos seus moradores?

Estou fazendo uma analogia entre sua casa e você em quatro níveis (os quatro níveis do Reiki)

Como quer sua casa? Como quer viver? Como pretende morar daqui para a frente?

Primeiro nível do Reiki

Seu corpo físico é a moradia da alma, é a casa que você vê. São as paredes, o chão, as portas, o que é visível. Comparando com nossa residência em reforma, diria que a limpeza física seria como aquela pintura velha, os buracos na parede, o piso, aquilo que fica exposto, que todo mundo vê. Você raspa a parede, passa massa corrida, coloca uma tinta nova, limpa o piso e tudo parece estar perfeito!

Segundo nível do Reiki

Seguindo nossa casa em reforma, imagine se, para pintar as paredes, precisasse esvaziar os cômodos e, então, percebesse muita coisa guardada que não serve para nada: lixo, coisas velhas, que juntou com os anos e que apenas ocupam espaço. Esse seria nosso corpo emocional, que deixa muita bagunça em nossas vidas, atrapalhando o bom funcionamento e a harmonia da casa.

Ainda durante a reforma, o mau estado das instalações elétricas e hidráulicas exige reparos para não causar danos à edificação, embora os problemas não sejam visíveis. Aqui comparo com nosso corpo mental. Há perigo constante, se estiverem danificados.

Terceiro nível do Reiki

Dando continuidade à reforma, você percebe a necessidade de cuidar do telhado. Reconhece que, se ele não estiver em perfeita ordem, sempre terá problemas, porque basta que apareça uma chuva mais forte ou ventania e todas as melhorias ficariam comprometidas.

Quando resolvemos organizar nossa casa, fazemos dela nosso verdadeiro lar. Ficar nela se torna agradável, e para que ela permaneça assim é preciso que se faça a manutenção necessária, enquanto existir. Depende de nós, que tipo de reforma queremos fazer em nossa vida. Somente consertar aquilo que está aparente, o que está causando danos, esvaziar o que apenas ocupa espaço, ou realmente reconstruir conforme as nossas necessidades?

Esse é o sentido de cuidar do nosso corpo físico, das nossas emoções, dos nossos pensamentos, da nossa espiritualidade. Vamos conviver com eles sempre, não dá para escapar disso. E todo o restante, os relacionamentos, o trabalho, tudo irá depender de como estamos nos sentindo em relação à nossa moradia.

E, no **quarto nível do Reiki,** você será capaz de auxiliar outras pessoas a fazerem o mesmo por suas casas.

Cuidar de quem estamos nos tornando, bem como manter as coisas boas, desfazer-se do que é ruim, é o primeiro trabalho a ser feito. O restante vem depois, e não o inverso. Há quem cuide primeiro do trabalho, da família, e esquece que todo o seu comportamento depende de quem você é e de como as coisas estão funcionando em si.

Por exemplo, se você não cuida de seus traumas, se não procura investir tempo, dinheiro, energia em descobrir o que está fazendo mal a si mesmo, e continua sua vida com o coração repleto de mágoas, de culpas e medos... Como poderá se relacionar com as pessoas sem que leve tudo isso junto? O que é seu vai junto, em tudo o que você faz.

Cuidar daquilo que sente é cuidar para que tudo o que coloque suas emoções seja também cuidado. Uma pessoa muito ressentida, rancorosa, leva essas emoções para todos os convívios.

Se em seus pensamentos dominantes estiverem crenças que o desconectem da realidade, se não há bom senso, você cria uma vida que não funciona. Suas atitudes dependem do que você pensa. Primeiro você pensa, depois faz. E se os pensamentos não forem construtivos, você não irá construir, mas sim destruir.

Entende como as coisas funcionam? Primeiro precisamos cuidar do que é nosso, depois tudo se expande em vida. Trabalho, dinheiro, relacionamentos são frutos do que somos. Esse é o grande trabalho da vida. Melhorar nossa moradia. Somos o que sentimos, pensamos, fazemos. Qualquer outra coisa terá que vir depois de arrumar isso.

E na prática, como podemos fazer isso?

Primeiro, precisamos ter uma atitude de autoinvestigação, autoconhecimento e, logo em seguida, de autocuidado. Enquanto isso não for prioridade em nossa vida, não teremos a base necessária para continuar vivendo em harmonia. A primeira coisa a se fazer é cuidar de quem somos com um olhar em quem queremos nos tornar. Lembra-se da casa em reforma?

Tempo e Corpo Energético

Existe um ditado budista que diz: "Se você quiser saber como foi seu passado, olhe para quem você é hoje. Se quiser saber como vai ser seu futuro, olhe para o que está fazendo agora".

Quando comecei minhas investigações sobre o tempo, percebi que o tempo cronológico, como estava acostumada a pensar, era muito diferente da ideia de tempo que eu estava aprendendo.

Para encontrar sentido no que estava aprendendo, resolvi desvendar essa história na prática. Na época, passei por um desdobramento: em uma meditação, vi algumas pessoas e conversávamos muito, e como em sono profundo abria os olhos para ver o relógio e o tempo não passava. Isso se repetiu por várias vezes naquele dia. Então compreendi que as coisas neste planeta, que parecem levar horas ou dias, podem acontecer em milésimo de segundo. Essa foi uma das experiências mais fantásticas que tive e colaborou para a construção de um novo entendimento sobre o tempo. Será que esse é o Tempo de Deus de que tanto se ouve falar?

Essa ideia sempre me perturbava, porque nós controlamos a vida por meio de um relógio que marca 24 horas e planejamos nossa existência segundo um calendário anual. Hoje meu calendário é um pouco mais apurado. Eu me baseio não apenas nos dias, mas também nas ações que me proponho a cumprir, no processo de repetição, diariamente, fazendo aquilo que é essencial na minha existência. Crio hábitos construtivos, para conseguir fazer a mudança que busco no meu comportamento.

Quando nos aprofundamos neste tema, começamos a perceber que realmente não há tempo, não há espaço que não possa ser acessado. Hoje vejo que tudo está constantemente em movimento, não há passado e futuro, longe e perto. Há um movimento incessante, e quando você muda o agora, tudo muda. Apenas percebemos nosso passado e pensamos no futuro, mas somente existe o que estamos fazendo neste momento. Em instantes, tudo vira passado. Em instantes, estamos no futuro. Se fizermos algo diferente agora, o que era e o que será muda. Tudo se modifica com a mudança do nosso olhar, de nossas atitudes, de nossos pensamentos e sentimentos.

Muitas vezes, queremos que as coisas aconteçam rápido, porque temos pressa ou precisamos muito de alguma transformação em determinada área de nossas vidas. Aprendemos que tudo tem seu tempo para se realizar. Há momentos em nossas existências que as coisas acontecem repentinamente, outras demoram anos e outras nunca acontecem.

Muitos desejos são extremamente importantes e queremos muito, só que algumas vezes dá certo e em outras não. O que ocorre é que entre o desejo e a realização, ou seja, entre o pensamento e a materialização, existem bloqueios criados pelas nossas crenças mais profundas e elas precisam ser removidas. Precisamos entender que tudo leva não exatamente tempo para se resolver, mas consciência e energia para se tornar realidade.

O que envolve a vida não é o tempo, já que ele não existe na ordem energética. O que há é uma concentração de energia, que envolve trocas com o outro e com o mundo, pensamentos, sentimentos, palavras, atitudes, experiências. Nosso corpo energético é o resultado do que somos e fomos. Há emoções que destroem, minam nossa energia. Há alimentos que fazem o mesmo. Há atitudes que, em vez de nos ajudar a alcançar nossos objetivos, nos afastam deles.

Se não estamos gostando de quem somos ou dos resultados que a vida nos traz, podemos mudar isso, porque a grande verdade universal é que nada é eterno nem garantido. A única garantia que temos é de que a vida é uma renovação constante. Ela muda de acordo com novos atos, trazendo novos fatos.

As duas coisas a se fazer é manter um olhar investigativo sobre nossa vibração e buscar qual crença está impedindo, neste momento, de fazer o que tem de ser feito. Crenças seguram ou impulsionam nossas ações e os resultados virão. Afinal, tudo o que acontece é sempre passageiro, sob o olhar da eternidade. O que nos coloca em uma situação melhor ou pior é nossa vibração, que é a energia que estamos acumulando, recebendo e emitindo. A lei da atração consiste na lei da vibração. Atraímos aquilo que vibramos. Se quisermos atrair coisas boas, temos de vibrar coisas boas.

Uma maneira muito simples de compreender isso é reparar em você, como sua vida está.

Você está bem? Tem ânimo, disposição, energia para viver seu dia e cumprir suas tarefas?

Suas coisas estão fluindo, seus projetos de vida estão se concretizando?

Você está feliz? Faz aquilo de que gosta de fazer?

Fisicamente, está tudo bem?

Emocionalmente, está bem?

Sua mente está clara? Suas atitudes estão focadas?

Ou você se envolve em conflitos constantes, em aborrecimentos diários que tiram seu foco?

Consegue equilibrar o tempo entre você, sua família, seu trabalho, sua casa, seus amigos?

Está vivendo sua história ou está vivendo a história do outro?

Qual é a sua história?

O que você está escrevendo hoje para sua vida?

Qual realidade está construindo? Lembre-se de que viverá dentro dessa realidade depois.

Esta é a questão principal da vida: temos de conviver com nossas escolhas, com o que estamos fazendo aqui e agora. Cada vez que resolvemos caprichar, mudamos algo, alteramos o rumo das coisas. Seja lá em que nível esse capricho aconteça, provocaremos uma mudança. O contrário também é verdadeiro. Cada vez que agimos com descaso, que ignoramos algo importante em nossa existência, estamos criando uma situação negativa e teremos que enfrentá-la mais cedo ou mais tarde.

Se compreendermos essa verdade, passamos a ter atitudes diárias conscientes e não agiremos como se fôssemos nosso maior inimigo. Cada vez que alimentamos nosso corpo com alimento ruim, que emitimos uma má palavra, temos um mau pensamento, mesmo sem perceber, cada vez que deixamos de fazer algo que era preciso, ou fazemos aquilo que não deveríamos fazer, estamos construindo nossa vida.

É escolhendo melhor, ponderando os valores, avaliando nossa conduta, buscando a melhor palavra, o melhor pensamento e o melhor sentimento que, de alguma forma, aperfeiçoamos nossa vida, aprimoramos nosso ser. Porque uma coisa é certa: teremos de conviver com os resultados de nossas escolhas, disso ninguém pode fugir. Então, se algo não vai bem, se você anda muito infeliz, muito insatisfeito com sua vida, com seus relacionamentos, com seu trabalho, seu corpo, seja lá qual for sua insatisfação, busque a solução hoje. Procure ajuda, lute por mudanças de hábitos, por novas visões, por uma nova compreensão dos fatos.

Mas, por favor, não aceite passivamente o que lhe faz se sentir mal, como se isso não fosse um problema seu, como se a responsabilidade em melhorar a situação que o deixa infeliz fosse de qualquer outro ser que não seja você.

O Tempo como "Hoje" nos Cinco Princípios do Reiki

O mestre Mikao Usui selecionou cinco emoções que norteiam nossa qualidade de vida e em todas elas está presente o "hoje", como uma baliza de controle de nosso agir. Ele transformou essas emoções em princípios, que podem ser considerados a base de nossa saúde, uma vez despertados na consciência.

Usui não propôs que se pensasse nesses cinco princípios pelo restante da vida, pareceria muito, mas que se assumissem esses princípios apenas no dia de hoje.

Um dia de cada vez. Hoje é tudo o que temos!

Se não houvesse cada hoje, um de cada vez, não haveria ordem dos fatos, não teria seleção de ações. Podemos parcelar nossa vida em dias, podemos ao final avaliar o que fizemos com todos os "hoje" que vivemos. Não temos a garantia do amanhã. Não temos como voltar atrás. Então, é no capricho do hoje que podemos construir uma vida melhor.

Quando Mikao Usui propôs que somente por hoje deixássemos de lado a raiva e a preocupação e que fôssemos gratos, honestos e gentis, ele nos indicou o caminho mais rápido para o crescimento interior, logo, para a evolução espiritual. Acompanhe os princípios a seguir.

"Somente por Hoje não se Zangue"

Quanto mais cultivamos a raiva, mais energia perdemos. A energia que perdemos pela raiva é a mesma que mantém nossa saúde e que dá vida aos nossos projetos. É por isso que ficamos sem disposição e sem ânimo depois que a raiva passa.

Diariamente acontecem coisas que têm o poder de "despertar" nossa raiva, como a injustiça, a quebra da hierarquia, a invasão de privacidade, entre outras. O que é possível fazer, se a raiva é inerente ao ser humano? Se não conseguimos evitá-la, podemos amenizar, saindo dessa vibração o mais rápido possível, para que os estragos que ela possa provocar não tomem grandes proporções.

Embora a raiva, acobertada de seus disfarces – inconformismo, revolta e ódio –, esteja presente no nosso dia a dia, é possível transmutá-la. Sentir raiva tem seus motivos, os quais não podem ser ignorados.

Não sentimos raiva à toa. Ela tem um propósito. E se não trabalharmos isso, continuaremos a sentir raiva e não usá-la a nosso favor.

A pergunta é: o que de bom ela pode nos trazer, se até Mikao Usui, na sua sabedoria, pede para no dia de hoje não senti-la? Devemos senti-la na proporção exata que não prejudique, por meio de uma consciência do quanto é prejudicial. Sentir para identificar o que não queremos mais em nossa vida. Ela vem para mostrar o que irrita, o que não se harmoniza mais com a gente. E como seria poder evitá-la, já que faz parte da nossa natureza humana?

Depois de senti-la, é preciso refletir se vale a pena cultivar essa emoção. Não é uma questão que se refira a quem tem ou não razão em uma discussão, por exemplo, porque nossa raiva não diz respeito ao outro. Dentro da nossa percepção da realidade, motivos para sentir raiva de algo ou alguém não faltam e, pensando assim, temos motivos de sobra para dar vazão a ela.

Temos permissão para fazer muita coisa errada, inclusive cultivar ódio, ressentimentos, durante vidas inteiras, que poderiam ter sido transmutadas em poucos minutos ou horas, ou mesmo dias. Temos permissão demais para nos prejudicar e nos manter constantemente em um padrão energético ruim.

Uma situação malresolvida – na família, na vida afetiva ou no trabalho – gera raiva constantemente, porque temos que conviver todos os dias com a mesma realidade. Nem percebemos que isso ocorre, mas qualquer coisa que aconteça envolvendo essa situação, sem nossa aprovação, é o suficiente para despertar muita ou pouca raiva. Ela está ali, presente, como uma sombra.

Então, o que fazer?

Primeiro, perceber com que constância a raiva aparece durante seu dia. Segundo, identificar o que ou quem mais provoca essa emoção: seu chefe, amigo, sua mãe, seu cônjuge, irmão, todos?

Depois de perceber a constância e a causa maior da raiva, observar quanto tempo ela costuma permanecer em você. Depois se questione: você levará essa raiva até o final de sua vida, acumulando-a, como se fosse uma poupança, com juros compostos? Carregará essa raiva por meses seguidos até conseguir exalar em alguém tudo o que sente? Ou mesmo até o término do seu dia, estragando mais uma vez a oportunidade de viver um dia diferente? Ou sendo consciente, deixando-a apenas alguns instantes, deixando espaço livre para viver emoções muito melhores?

É muito importante perceber e avaliar como a raiva fica instalada em você. A raiva contida torna-se depressão, a raiva acumulada transforma-se em ódio profundo, a raiva disfarçada exala mau humor por onde passa, em forma de ironia. Quem guarda e cultiva raiva não mantém energia vital para reestruturar sua saúde física, e isso causa desequilíbrio nos corpos mental e emocional.

Nós nos acostumamos até mesmo com os piores sentimentos, com as piores sensações. Este é o grande problema do ser humano: nos acostumamos fácil demais com as coisas ruins que são geradas pelos maus hábitos. Uma vez percebido o resultado de uma ação equivocada deveríamos mudar, transmutar, corrigir, acertar, não simplesmente aceitar como uma fatalidade, como algo que nos pertence, já consumado.

Estamos aqui, todos os dias, para nos aperfeiçoar, e isso requer cuidar das nossas emoções. Tudo está sob nossa responsabilidade. O resultado das nossas reações pode ser alterado, de acordo com as alterações que fazemos. O tempo que gastamos para nos corrigir e aperfeiçoar é valioso, é o mais importante de nossas vidas, porque nosso espírito simplesmente espera e aguarda isto de nós: autocorreção, autoaprimoramento e um despertar de uma nova consciência sobre quem somos.

Não podemos deixar a raiva bagunçando nossas vidas à vontade. Logo após senti-la, podemos transmutá-la em compreensão e nos reequilibrar. Esse equilíbrio pode ser obtido com aplicações de Reiki ou outras terapias energéticas, mas também com a prática de exercícios físicos, meditação ou por meio de atividades prazerosas. Experimente alguma prática dessas em um próximo ataque de raiva. Irá perceber que ela dissipará muito mais rápido do que se imagina.

Agora me responda a uma coisa: você já tentou tomar alguma atitude quando a raiva passou, sobre o fato que nitidamente está lhe fazendo mal? Não espere se acostumar com o que provoca raiva em você, vá em busca de resolver a situação, a menos que esse problema não interfira diretamente em sua vida. Do contrário, vá em frente, cuide de sua paz, resolvendo o que lhe está fazendo mal.

"Somente por Hoje não se Preocupe"

Preocupação em excesso é falta de fé. Falta de confiança em Deus, na vida, em nós mesmos.

Quando nos preocupamos, entramos em um estado de ansiedade, e, se ficamos ansiosos, já estamos afirmando que a chance de algo que desejamos dar errado é grande.

A vibração da preocupação não combina com a do Espírito. Ele é o ser eterno que tudo sabe, tudo vê. Não se preocupa porque sabe que você, parte humana dele, erra, se atrapalha, se confunde, mas faz o que pode. Não dá para cobrar mais do que somos capazes de fazer. Somos cobrados, mas apenas na medida do que sabemos, dentro do nosso entendimento.

Pessoas confiantes sabem que estão no seu tempo, que tudo dará certo. Seres humanos ansiosos e preocupados sentem sempre que estão atrasados, que estão sendo julgados. São guiadas pelo ego. O ego teme ser julgado e ser criticado: "E se não der certo... E se eu falhar... E se eu não conseguir... E se...".

Com o ego no comando, nosso dia é regido pela mão pesada do orgulho, que não acaricia, mas maltrata. Não perdoa uma falha, pune. Se algo não sai como deveria, faz com que você se sinta inferior, culpado.

Nosso espírito conhece nossas limitações, mas sabe que iremos superá-las. Vê nossas fraquezas como dificuldades a serem trabalhadas, como metas espirituais e as aceita. Já nosso ego conhece nossas limitações, mas não as aceita. Pune. Vê limitações como fracassos. Desperta em nós o sentimento de inferioridade, de autorrejeição.

O caos de um ser guiado pelo ego é que ele age assim também em relação aos outros. Não perdoa, não compreende, não aguarda. Quer do seu jeito, no seu momento, sem respeito, sem perdão. O ego se concentra no resultado e acaba se frustrando.

O espírito se concentra no caminho, no aprendizado, no que realmente importa; na melhor forma de realizar as coisas, a maneira menos sofrida, menos pesada, mais prazerosa. O ego pisa nos próprios sentimentos, nas necessidades, no prazer. Caminha concentrado no resultado, e não aproveita o processo e as companhias. Perde grandes oportunidades de ser feliz, porque carrega em si a culpa de não ser perfeito.

Temos o Espírito e o ego nos guiando. Escutamos aquele com o qual vibramos. Se seguirmos o ego jamais estaremos satisfeitos, porque ele é orgulhoso e vaidoso demais; é impossível ser feliz em um mundo onde jamais expressaremos a perfeição do espírito.

Se escutarmos nosso espírito, nos manteremos firmes, nos respeitaremos, respeitaremos o outro, confiando. Ficaremos felizes com os resultados, porque com cada resultado ganharemos outros benefícios, que somente quem possui um olhar mais espiritualizado consegue ter.

Se a preocupação é constante, talvez seja hora de reavaliar o que você anda fazendo com seus potenciais.

Podemos trocar a preocupação por uma ação construtiva, por uma melhor estratégia, por consultar um especialista no assunto que possa ajudar a compreender o que está nos afligindo.

Uma coisa é certa: sempre teremos algo para nos preocupar. Sempre. Porque os problemas são formas de superação. Resolver um problema traz aprendizado para mudar de nível. Uma vez que superamos algo, aprendemos e seguimos em frente para mais um desafio. Assim como uma prova, o aluno, embora saiba que será avaliado pelos conhecimentos que tem, sabe que terá novas oportunidades, bem como precisará estudar para tirar uma boa nota.

Em minha opinião, o maior estudo que podemos realizar é o de nós mesmos, por meio do autoconhecimento. Enquanto adiarmos esse processo de entender como as coisas funcionam para nós, compreendendo por que sentimos isso ou aquilo, rever nossa história e transmutar o que já não serve mais, em um constante olhar de evolução, ficaremos reféns da preocupação.

Troque a preocupação por estratégias. Tenha sempre um planejamento, crie estratégias para melhorar as questões da sua vida que não estão indo bem, no trabalho, nas finanças, na saúde, família... Trabalhar continuamente para a melhoria de todas as questões da sua vida é necessário. Mas faça colhendo os resultados. Perceba os resultados de suas ações, e mude a rota quantas vezes for preciso para chegar ao patamar de satisfação que deseja.

"Somente por Hoje Seja Grato"

Cada dia traz uma imensidão de bênçãos que somente quem tem um olhar grato consegue enxergar.

Em uma mesma situação, alguns reclamam, odeiam; outros abençoam, agradecem. Por quê? Porque os olhares são diferentes. Cada um olha conforme o coração e o entendimento permitem. Uns só enxergam problemas, outros desafios. Uns observam os defeitos, outros as diferenças. Uns se queixam da dificuldade, outros aproveitam para crescer. Uns crescem, outros não.

Ser grato é uma das maneiras mais simples de se espiritualizar. É saber que tudo pode ser diferente, mas que no momento, dentro desta ou daquela situação, o que acontece é o melhor que nosso espírito pode fazer por nós. Ele não pode nos dar mais do que podemos suportar.

Você quer riqueza? Quer saúde? Quer felicidade? Quer um relacionamento melhor?

Hoje você está exatamente onde deveria estar. Se não gosta de onde está, precisa rever seus conceitos, suas ideias e suas ações.

Não somos o que pensamos ser. Não somos o que falamos ser, mas sim, somos o que fazemos e os resultados que temos. Então, quando reclamamos da vida, na verdade, em vez de ter essa postura, deveríamos analisar friamente quais atitudes deveríamos modificar, para que os resultados daquilo de que não gostamos também mudem.

Nossas insatisfações com a existência têm relação com o que acreditamos, por mais que isso pareça estranho. Se criamos algo em nossas vidas, e tudo foi criado de alguma forma, por escolhas feitas por nós ou por outros, e de algum modo estamos dentro dessa realidade, algo em nós ainda permite que isso aconteça.

A primeira consciência a ser tomada é daquilo de que não gostamos, em seguida, investigar as causas e trabalhar duro para mudar cada situação que não nos causa felicidade. Outra maneira de lidar com as insatisfações é a resignação. Muita gente consegue lidar bem com aquilo de que não gosta em sua vida, e usa a resignação para aceitar o que não pode ou não consegue mudar. Também é uma estratégia válida, desde que ela consiga perceber os benefícios que essa circunstância está lhe trazendo no momento.

Por exemplo, você se colocou em um emprego desagradável porque estava precisando muito. E consegue ser grato por estar ali, mesmo que não seja do seu agrado, mas no momento é o que pode ter e fazer. Se você entende isso, e se prepara para algo melhor, sabe que será passageiro, que logo estará em melhores condições.

Uma coisa é certa: tudo vai passar, tudo. Sem exceção. À medida que conseguimos passar pela vida vibrando amor, contentamento, progresso, melhor será esse caminho. Para toda ação viveremos uma reação!

As coisas não mudarão se formos ingratos com o que a vida nos oferece. Pelo contrário, é compreendendo que as escolhas que fizemos nos trouxeram até onde estamos e que podemos fazer novas escolhas com mais consciência a partir do agora. Se nascemos em uma família em que não nos harmonizamos, se temos um trabalho de que não gostamos, se temos um corpo que não nos agrada, ou se simplesmente acordamos mal-humorados, não podemos maldizer isso.

Toda situação é resultado de escolhas, que não se tornaram do dia para noite realidade. Houve um processo lento, em que estamos o tempo inteiro, de criação. Sentimos algo, a partir de algo que acreditamos, fazemos escolhas e agimos. Repetimos essa ação muitas e muitas vezes, e quando o resultado acontece, gostamos ou não gostamos, mas é apenas um resultado. Revoltar-se contra os resultados não irá alterá-los. É necessário identificar que não é o que você gostaria de ter, será preciso um recomeço na criação de um novo resultado, ou seja, de uma nova realidade.

Por exemplo, você vai para a cozinha preparar um bolo. Está com muita vontade de comer um bolo fofinho. Escolhe os ingredientes e prepara segundo o que você sabe sobre bolo. Essa preparação irá depender se todos os ingredientes estavam disponíveis; se terá que sair para buscar algo que faltou; se a receita que você tem é boa; da sua prática em fazer bolo; da boa vontade em seguir à risca a receita; do tempo do forno; se o forno está bom; da qualidade dos ingredientes; da quantidade exata de cada um deles; e, principalmente, da disposição em preparar o bolo. Entre o desejo de comer um bolo fofinho feito por você e o bolo estar no seu prato, existe tanta coisa envolvendo o resultado da sua criação, que o bolo não poderá ser julgado por uma única ação correta ou incorreta, mas sim, avaliado por todo o processo que o criou. Adiantaria ficar muito brava(o), chateada(o), com o bolo? Mas a questão é: onde não acertei para ele não ter saído exatamente como me propus a fazer? Entre tentativas e erros, aprendizado, prática, experiência, dicas de alguém que já preparou esse bolo fofinho que você tanto quer aprender a fazer, compras de ingredientes melhores... Enfim, não adianta reclamar sobre o bolo, mas caprichar na próxima execução.

Fazemos nossos bolos todos os dias, alguns não saem como gostaríamos, mas isso acontece pelo resultado de cada escolha e pela atitude na hora de fazê-lo. O conhecimento, a prática, o capricho, a dedicação em cada criação, sim, terão de ser revistos em vez de simplesmente reclamar sobre o resultado.

Assim é com os nossos relacionamentos com filhos, pais, cônjuges, funcionário, patrão, colegas, amigos, trabalho, corpo, casa... Todo resultado será fruto dos ingredientes, do conhecimento, da dedicação, de tentativas e erros de todos os dias.

A vida é valiosa demais para que não tenhamos o cuidado com cada detalhe. Então, partindo do exemplo do bolo, reclamar dele todos os dias não adiantará. Especializar-se no bolo fará a diferença. Podemos ficar especialistas naquilo que queremos colocar no nosso prato.

Então, somente por hoje, seja grato por tudo o que tem, e a respeito daquilo que não está satisfeito, mude, recrie ao seu gosto, com um olhar respeitoso. Apenas por hoje, e tão somente por hoje, seja grato pela vida que possui. A energia de gratidão eleva nossa vibração e nos ajuda a sair de onde nos encontramos. Há pessoas que mudam suas vidas só pelo poder que a gratidão traz. Seja grato por tudo o que vê, por todos que o cercam e a si mesmo por tentar. A gratidão torna a existência mais leve e fácil de ser vivida. A gratidão mostra que, por trás de cada pessoa, de cada fato, há uma explicação, há um motivo, há uma causa primária. Se pudéssemos ver a utilidade de cada fato ruim, o quanto ele pode nos fazer crescer, não perderíamos tanto tempo com lamúrias.

Reclamar é ser ingrato. Reclamar é não ver além do óbvio. Não somos vítimas, somos cocriadores de nossa realidade.

"Somente por Hoje Seja Aplicado e Honesto no Seu Trabalho"

Diz o ditado popular: "Mente desocupada é oficina do diabo".

Trabalhar é exercitar nossos potenciais, colocar à prova nossos limites e testar até onde conseguimos chegar. Trabalhar é a essência do espírito, e ele normalmente se realiza por meio do trabalho.

Temos que cumprir nossas missões e as pessoas se perguntam como cumpri-las, mas nem sabem quais são.

Então, se essa também é sua dúvida, aqui está a resposta: sua missão está diretamente ligada aos seus talentos. Aquilo que você sabe fazer melhor é o que veio fazer no mundo. É sua colaboração com o Universo.

Se você sabe fazer algo muito bem, faça. Não desperdice talento. Não deixe de levar ao mundo sua contribuição. Cantar, ensinar, administrar, curar, limpar, cozinhar... Seja lá qual for seu talento, esbanje, distribua. Quanto mais você usar seu dom, melhor.

Quanto mais você se desenvolver, mais realizado se sentirá. Não haveria tempo para invejar o sucesso do outro se nos dedicássemos mais ao nosso trabalho. Fazer da melhor maneira possível, ou seja, de uma forma inédita, criativa.

Cada um traz em si o que é seu, individualizado. Essa é a grandeza do espírito. Não há competição, porque não existe melhor ou pior. Existe desenvolvimento, perseverança e aperfeiçoamento. Somos muito mais do que parecemos ser. Somos seres talentosos, grandiosos, mas poucos deixam isso florescer. Ficam envolvidos em sua mesquinhez buscando pelos dias de descanso, pelas férias, pela aposentadoria.

Muitas doenças são geradas a partir dessa negação. Se negarmos nossos potenciais, estaremos negando a nós mesmos, nossa essência.

Se nosso trabalho for direcionado pelo ego, escolheremos aquilo que é mais valioso socialmente e, provavelmente, nos tornaremos profissionais frustrados, angustiados. O caos no mundo é resultado também de pensamentos e atitudes desonestas no trabalho por pessoas irresponsáveis, que não percebem que agem de forma negativa para a construção contínua do mundo em que vivemos.

Se nossa atividade for realizada com responsabilidade, dedicação e honestidade, todo o mundo se beneficiará. Nosso planeta pode ser aprimorado se fizermos nossa parte da maneira mais adequada possível. Teríamos as melhores roupas, os melhores atendimentos, os melhores alimentos, os melhores móveis, as melhores casas, os melhores hospitais, os melhores livros, os melhores serviços... Tudo provém do trabalho, sem exceção.

Hoje, somente hoje, dê o melhor de si no seu trabalho. Com isso, estará colaborando para que o planeta funcione muito melhor. Se sua atividade não for prazerosa, procure outra, porque aquilo que não nos dá prazer não faz parte da nossa missão.

Quando nos abrimos para que nosso espírito se expresse, descobrimos para que viemos. Deixe o ego de lado e escute seu coração. É por ele que seu espírito fala. É pelo coração que o próximo princípio se expressa.

Deixe o mundo conhecer suas habilidades, seus dons, na melhor versão. Deixe sua marca em tudo o que faz, faça com amor. E isso não desmerece nenhuma função, porque todas têm seu lugar no mundo e são igualmente importantes.

"Somente por Hoje Seja Gentil com os Outros"

A gentileza está nos pequenos detalhes. Está nos pequenos gestos.

A gentileza é um estado de ser. Não conseguimos ser gentis por muito tempo se a gentiliza não for genuína. É um estado incondicional de não maltratar por palavras, por gestos ou pelo olhar. É deixar que o outro viva segundo o conhecimento dele.

Ser gentil envolve o todo. Ser gentil é viver o relacionamento no presente, no agora. É viver abençoando o outro, os animais, as plantas, em casa, na rua...

Ser gentil envolve o que somos e até que ponto realmente queremos que o outro fique bem. Em certos momentos, a gentileza dependerá de um simples gesto de ceder, de apoiar, de reconhecer, de não criticar, de não julgar e de não tomar partido. Apenas ser gentil.

Ser gentil não é ceder a vez, não é ceder a nossos desejos e preferências, não é ser bobo. É ser sutil até quando você precisa se impor, e ser generoso no falar e no agir.

Ser gentil com o outro é não descontar sua raiva quando há provocação ou contradição.

Ser gentil com você é não se culpar por não ser ou ter aquilo que deseja.

Ser gentil com Deus é não reclamar, mas ser grato por tudo o que se tem.

Ser gentil com o planeta é realizar da melhor forma possível o que você sabe fazer, dedicando-se honestamente àquilo que faz.

Ser gentil com a vida é ser doce e suave, e trazer amorosidade em cada gesto.

A gentileza é a maneira mais forte para se combater o ego e trazer o divino que existe em cada um de nós.

Ser gentil é a real compreensão de que todos estão aqui para aprender e crescer, e que cada um de nós carrega tristezas, dificuldades, alegrias. É entender que cada um tem sua história para ser vivida, experiências para serem compartilhadas e desafios para serem vencidos.

É entender que o que fazemos no caminho é o que nos levará ao destino. E que é no caminhar que desenvolvemos nossa habilidade de sermos melhores a cada dia, mais compreensivos, mais competentes, mais honestos, mais amorosos, mais gentis.

Apenas e tão somente hoje exercite a gentileza em todos os momentos do seu dia. Faça isso como um treino.

Sorria com a doçura da gentileza e a vida irá sorrir para você.

Soham

SOHAM é um mantra que significa: "Deus aqui e agora, imediatamente". Ele é muito usado pelos Reikianos, e pode ser utilizado quando sentimos medo ou para momentos de perigo ou fraqueza.

Como se Tornar um Reikiano

O melhor momento para se tornar Reikiano é quando o coração pede. Neste instante, é preciso procurar um mestre Reiki.

Um mestre Reiki não é uma pessoa especial nem mais evoluída. Ele é um professor de Reiki. Contudo, é importante avaliar se o mestre é alguém envolvido com Reiki ou se passa apenas o conhecimento que se encontra facilmente nos livros, superficialmente, sem experiências e vivências com essa energia.

Um bom mestre deve passar conhecimento de maneira que você não se entusiasme apenas durante o curso, e que, ao voltar para casa, coloque a apostila e o certificado na gaveta e, de vez em quando, lembre-se de que é Reikiano. Ainda pior quando o pensamento for: "É, não é para mim. Tudo o que já vi sobre o Reiki não se encaixa em minha vida, não sirvo para isso".

Há muitos cursos que não passam confiança nem dão suporte às dúvidas, por isso a importância na escolha do local adequado para a iniciação, porque haverá um grande risco de o desinteresse acontecer tão logo passe a euforia.

Recomendo que se procure alguém realmente capacitado para a iniciação, porque se você não conseguir captar a grandiosidade da energia Reiki perderá a grande oportunidade de compreender a magnitude dessa energia e ignorá-la com o passar do tempo.

Se você já é Reikiano e sente-se assim, procure outros grupos, participe de algumas vivências de Reiki, busque saber mais sobre o que está acontecendo no mundo em relação ao Reiki. Não desperdice o fato de ser Reikiano.

O Reiki é uma energia amorosa, e quando conseguimos sintonizar nela, temos a sensação de leveza e alegria. Essas sensações acontecem porque canalizamos o Reiki por meio do chacra cardíaco. Quanto mais aplicamos Reiki, mais trabalhamos o chacra do coração. Logo, mais desbloqueado ele fica e mais limpo o canal se torna.

No meu conceito, o que classifica um terapeuta é a generosidade e a ética. Observe: um bom terapeuta cuida muito bem da saúde física e emocional, porque também está sujeito a situações que chateiam, perturbam e entristecem. Contudo, como canais energéticos, os cuidados devem ser maiores.

Pessoas de má índole não conseguirão trabalhar com essa energia, porque não há sintonia. Desconfie de seres gananciosos e rancorosos que trabalham com energia. Desconfie daqueles que se comportam como indivíduos superiores e que tentam comandar sua vida.

Somos o que temos no coração. Ele é o portal para as energias superiores.

Todos nós somos Reikianos em potencial. Cabe ao mestre Reiki apenas despertar esse potencial adormecido para que você possa canalizar essa energia amorosa universal.

A Iniciação

A iniciação pode ser vista como uma sintonização com a energia vital. Ao recebê-la, passamos a ser um canal para a transmissão dessa energia. Uma vez recebida a iniciação, esse canal permanecerá aberto por toda vida.

Podemos pensar na iniciação como uma forma de nos religar à energia vital do Universo. Após o *Religare*, como chamado por Mikao, os canais de força do corpo, responsáveis pela captação e pela distribuição da nossa energia, são reativados para funcionar nos moldes originais, proporcionando o poder de autocura e harmonização, e também para os outros, seja presencial, seja a distância.

O Reikiano irradia por intermédio das mãos as vibrações de cura. Essa energia entra pelo sétimo chacra, desce pelo sexto, quinto, passa pelo coração e corre pelos braços até chegar às mãos. É comum Reikianos sentirem os braços e as mãos pesadas no início. Isso acontece por causa da abertura de canais para passar a energia.

Há quem sinta o chacra cardíaco doer pelo mesmo fato. Quanto mais limpo o canal, mais apto o Reikiano fica para canalizar a energia.

A utilização dos símbolos do Reiki e a combinação de mantras (sons) e yantras (formas) potencializam a energia, transmutam situações, transcendem o tempo e o espaço e cumprem sua função de transmutar.

Quando é realizada a iniciação, os chacras superiores são mais ativados com os símbolos, elevando a vibração do Reikiano. A iniciação é uma grande oportunidade para a ativação dos centros energéticos superiores (chacras), fazendo com que nossa vibração e frequência aumentem e se transformem, passando a níveis mais elevados. Esse processo inclui o da consciência, ocorrendo uma grande transformação que impulsiona nosso centro a subir do plexo solar para o chacra do coração.

Primeiros Contatos com a Energia Reiki

Enquanto aplicamos ou recebemos Reiki, podemos ver cores. Alguns indivíduos, com os olhos fechados, conseguem sentir as cores. Elas aparecem de acordo com a necessidade do momento. Cada cor trabalha com finalidades diferentes, as cores também se complementam.

As cores mais vistas são verde e violeta. Mas outras também sempre estão presentes, como azul, dourado, branco, rubi...

O bambu é a representação do Reiki na Natureza. Ele é oco, prefiro dizer que é limpo por dentro, como deve ser um canal de Reiki. É também forte, flexível e resistente. Um canal precisa ser trabalhado para que ele consiga se manter oco, sem bloqueios que impeçam o fluxo da energia Reiki.

Alguns Reikianos começam a aplicar o Reiki e, por conta de algumas sensações, param. Não conseguem perceber que as sensações fazem parte da sensibilidade de cada um e, com o tempo, torna-se mais fácil decifrá-las e entendê-las.

Alguns bocejam enquanto aplicam o Reiki, outros apresentam coriza, sentem sono, tristeza, raiva ou até mesmo alegria. Quando entramos no campo energético de quem estamos aplicando Reiki, dependendo da nossa sensibilidade, podemos sentir suas emoções. Há quem não sinta nada, e tudo bem, porque o fato de sentir ou não alguma sensação enquanto envia o Reiki depende da sensibilidade da pessoa, não da capacidade.

Quanto mais aplicamos e recebemos Reiki, mais íntimos nos tornamos dos símbolos e mais facilmente conseguimos ativá-los.

Um Reikiano se torna cada vez mais eficiente em passar essa energia pela prática, pois enquanto se aplica e aplica em outras pessoas, a própria energia limpa os canais.

Reikianos dedicados tendem a melhorar em todos os aspectos e também na aplicação do Reiki, porque seu canal está desbloqueado, limpo como em um bambu.

Imagine se esse mesmo bambu tivesse restrições por dentro, por exemplo, se em cada nó houvesse uma barreira, um impedimento. Como fluiria a energia por ele? Assim é o canal. Quanto mais desimpedido, quanto mais limpo, mais energia passará. Um canal de Reiki deve ficar atento, principalmente, com os chacras cardíaco, laríngeo, frontal e coronário, pois é por eles que passará a energia Reiki. Podemos dizer que o bambu do Reikiano fica entre esses chacras.

Lembre-se de que a vida pessoal do Reikiano acontece principalmente nos primeiros chacras, relacionados à saúde, ao amor-próprio e ao poder pessoal.

Sobre isso eu gostaria de contar que, durante muitos anos, apliquei Reiki praticamente todos os dias nas outras pessoas. Não perdia uma oportunidade em levar essa energia. Mas, mesmo depois de começar a trabalhar como terapeuta Reikiana, aplicando Reiki em sete ou oito pessoas todos os dias, minha vida pessoal não melhorava: minha saúde, minha vida financeira, meu amor-próprio, enfim, eu não estava recebendo os benefícios do Reiki na minha vida. E a informação que recebi quando me tornei Reikiana era de que eu não precisava me autoaplicar, pois se aplicasse nos outros, a energia passaria por mim e eu ficaria com parte dela. Logo, estaria me cuidando também.

Contudo, na prática, vi que não era assim. Por quê? Porque os chacras pelos quais eu canalizava a energia do Reiki estavam cada vez mais tratados, e me tornava cada vez mais espiritualizada e amorosa. Mas... Os chacras responsáveis pelo meu poder pessoal, pelo meu amor-próprio, vida financeira e saúde, não recebiam. Eu não estava levando essa energia para os primeiros chacras. A partir dessa descoberta, comecei a me autoaplicar todos os dias Reiki nos chacras inferiores, que estão relacionados à nossa vida terrena, não menos importante, que nossa vida espiritual.

Por isso o Reiki deve ser aplicado nos primeiros chacras para que possamos ter mais saúde, prosperidade, amor-próprio e autonomia sobre nossa existência.

Ou seja, enquanto você envia Reiki, melhora seu canal, mas se não enviar Reiki nos primeiros chacras, não melhora significativamente sua vida.

O ideal é que, todos os dias, a autoaplicação seja feita nos sete chacras, porque todos eles são essenciais para nossa vida.

Preparação para as Sintonizações

Para receber a iniciação é preciso se preparar. Quanto mais cuidadosos, mais resultados positivos nós conseguiremos.

Você terá mais benefícios se buscar a purificação neste período. Cuidados com a alimentação são imprescindíveis. Diminua o consumo de café, não fume, evite o açúcar branco, refrigerantes e, principalmente, o álcool e a carne.

O período de maior cuidado com a alimentação é uma semana antes da iniciação e 21 dias após seu início.

Lembre-se: você irá se tornar um canal de Reiki e isso significa mudar seu padrão vibratório. Respeite-se! Você irá vivenciar mudanças, por isso é preciso evitar tomar partido em discussões, preocupar-se com a vida alheia e com questões difíceis de sua vida.

Dê-se o máximo possível de atenção e carinho. Essa atitude amorosa com você será muito valiosa. Aliás, deveríamos agir dessa maneira sempre, assim, muitas doenças seriam evitadas.

Os 21 Dias de Limpeza Energética

"Nada se parece mais com a destruição que uma construção" (autor desconhecido).

Vamos fazer a analogia de uma casa em reforma em relação à limpeza energética.

Tudo parece estar bem em seu lar, você se acostuma do jeito que ele está, com vazamentos, com a parte elétrica velha, com a pintura antiga, cômodos entulhados de coisas que não servem para nada, muita coisa que não lhe agrada...

Em certo dia, por necessidade ou por vontade, você resolve reformá-lo. É um Deus nos acuda! Um profissional faz a avaliação e mostra uma lista imensa de problemas. Aparecem lugares que você nem desconfiava de que estavam desmoronando, telhas faltando, piso descolando, azulejo caindo...

Aí vem o desespero. E agora, já comecei! Como vou fazer para concluir, quanto tempo ficarei nessa bagunça, quanto dinheiro vou gastar?

O tempo passa, as coisas vão se ajeitando, o que era feio começa a ficar bonito, o que não funcionava começa a funcionar, o que estava vazando fica perfeito... Você se anima e compra novos móveis, novos utensílios para a cozinha, troca a cortina. Enfim, quando você vê, tudo fica em ordem e o lugar muito mais aconchegante.

Assim é nosso corpo. Temos que habitá-lo até o final dos nossos dias. Até o último suspiro. Não podemos fugir dessa realidade.

Por isso insisto tanto em falar dos cuidados que devemos ter por nós, porque não há como fugir das consequências de nossas ações e nossos pensamentos.

Mesmo quem se aplica Reiki regularmente sabe que tem muito ainda que limpar em si mesmo. Somos o resultado de uma infinidade de erros e acertos. Guardamos em nossa memória genética uma carga muito grande de traumas e medos, e devemos buscar constantemente a harmonia energética.

Durante os 21 dias da iniciação, as impurezas e as toxinas do corpo físico, mental, emocional e espiritual serão trabalhadas.

Em cada nível do Reiki é realizada uma purificação correspondente.

Essa limpeza de 21 dias é mais acentuada quando recebemos a iniciação, por isso é muito importante, após a iniciação, se autoaplicar Reiki diariamente, para facilitar e acentuar essa limpeza. Essa limpeza continuará por muito tempo, enquanto você se aplicar Reiki, porque estará se limpando física, emocional, mental e espiritualmente. Quanto mais limpos, mais leves e mais ágeis ficamos.

Purificação Física

A energia do Reiki é pura e tem uma frequência muito alta. Quando encontra um corpo vibrando baixo, há uma adaptação energética com essa nova energia. Por isso acontecem alguns desconfortos físicos.

Eles podem vir de várias maneiras, por meio de gripe, dor de garganta, dores musculares, enxaqueca, diarreia, tosse, náusea. Cada pessoa reage de acordo com as necessidades de limpeza.

Após essa limpeza e uma contínua autoaplicação, as atitudes se tornam mais conscientes e ativamos nossa inteligência física.

No entanto, dependendo da sensibilidade individual, há quem passe por esse processo de limpeza e não sinta nada.

Purificação Emocional

Os sintomas dessa purificação são as emoções acumuladas ao longo dos anos, como raiva, tristeza, insegurança, culpa, mágoas, medos. São todas aquelas emoções que guardamos, sem necessidade alguma, que apenas pesam na nossa vida. É preciso abrir espaço para novos sentimentos surgirem, mas para isso precisamos limpar o que está velho, o que está atrapalhando.

Não tiramos uma emoção, mas a transmutamos. Transmutação de energia na química pode ser entendida como a conversão de um elemento químico em outro. Na espiritualidade, o significado é transformar sentimentos e padrões de consciência negativa em força pessoal e aprendizado, ressignificando os fatos.

Nesse período, podemos nos sentir mais irritados ou sensíveis, e há quem sinta muita alegria. Da mesma forma que as emoções aparecem, desaparecem sem que façamos nada. É apenas uma limpeza.

Purificação Mental

Assim como as emoções, nossas crenças e nossos pensamentos serão mais trabalhados no segundo nível do Reiki.

Somos guiados pela nossa mente, que está no comando. Nossa realidade é resultado do que acreditamos e pensamos. Durante a purificação mental, a inconsciência começa a ser trazida para a consciência.

Muitas vezes, seguimos nosso caminho no automático, fazemos tudo do mesmo jeito e queremos mudanças. Precisamos encontrar novas maneiras de viver, renovar nossas crenças, buscar realizações, ver o que funciona e o que não funciona. O que serviu para os nossos pais não exatamente servirá para nós. A negatividade mental é trabalhada neste período, com o objetivo de abrir espaço para pensamentos positivos e construtivos.

A energia do pensamento é muito forte, e precisamos continuamente ter a percepção de onde estamos colocando nosso foco e nossa atenção. Há um provérbio que diz: "tudo o que você alimenta, cresce!"

Purificação Espiritual

Nesta etapa, a purificação é mais profunda, pois algumas crenças serão substituídas por outras que mais se parecem com você. Deixamos muita coisa que não serve para trás nessa reforma pessoal.

Os relacionamentos serão vistos e revistos. Novas amizades, novos contatos, novos interesses.

A purificação espiritual exigirá um tempo muito maior para se completar. Pode levar quatro meses, mas enquanto estivermos vivos, estaremos ativos nesse trabalho de purificação até encontrarmos nossa essência.

Quando temos acesso ao espírito, há muito o que transmutar, e é este o maior objetivo da vida: purificar nossos corpos energéticos e não mais viver nossos carmas, mas viver leves, o momento presente, sem passado e sem futuro. Apenas e tão somente o agora.

Alcançando esse estágio, saberemos por que a alegria vinda do espírito é inigualável. É a certeza de que estamos fazendo a coisa certa, na hora certa, no lugar certo, e o resultado sempre será o que deve ser. Viver na sabedoria do espírito é deixar de lado todas as perturbações e as angústias do mundo, e caminhar derrubando barreiras, enfrentando os obstáculos, superando a cada dia todos os limites do corpo e da matéria. Essa é a grande magia, a vida física aliada ao poder do espírito, que tudo pode, tudo vê, tudo sabe. Na limitação humana, o ilimitado se aconchega e toma seu espaço.

Os Quatro Níveis do Reiki – Iniciações

Nível 1 – o *Religare*

O Reiki I é associado com o *Religare*, porque, a partir da primeira iniciação, o Reikiano já acessa a energia Reiki e passa a ser um canal dessa energia de amor e cura. Esse nível permite que o Reikiano energize plantas, animais, remédios, cristais e objetos, e aplique a energia em si mesmo e nas pessoas.

A transmissão de energia Reiki acontece por meio das mãos. O Reikiano, ainda nesse nível, não precisa se preocupar com o uso dos símbolos do Reiki, apenas intencionar o acesso e já estará sintonizado.

Os iniciados captam a energia cósmica por meio dos chacras. A energia entra pelo sétimo chacra, passa pelo sexto chacra, pelo quinto, e se expande por intermédio do quarto chacra, descendo pelos braços e saindo pelas mãos no momento em que for aplicar o Reiki.

Nesse nível, o tratamento completo leva por volta de uma hora.

Se o Reikiano fizer apenas a primeira iniciação, já terá o poder de acessar a energia Reiki, independentemente de fazer as outras iniciações, contudo, sempre terá que aplicar Reiki de forma presencial. As outras iniciações aumentam a frequência vibratória, além de permitir alcançar mais pessoas em menos tempo.

Nível 2 – A Reforma Íntima

No nível 2, o Reikiano passa a receber a energia Reiki com novas possibilidades. O Reikiano dá um salto quântico, dobrando sua frequência em relação ao nível 1.

Nesse nível, o Reikiano já pode trabalhar a distância, graças ao símbolo 3 (*Hon Sha Ze Sho Nen*) que ele recebe nessa iniciação.

O segundo nível do Reiki pode ser comparado com uma reforma íntima, porque neste momento os corpos emocional e mental serão trabalhados além do corpo físico. Lembrando que o que acontece no corpo físico é o resultado do que ocorre nos pensamentos e nas emoções. Nossas ações físicas são pautadas naquilo que sentimos e pensamos. Se tivermos pensamentos e sentimentos destrutivos, agiremos conforme pensamos e sentimos.

Um exemplo disso: se você não se importa com seu bem-estar, porque julga que não precisa se cuidar, que Deus cuidará de tudo e que pode seguir sua vida sem responsabilidade com seu corpo físico, agirá de acordo com essa crença em relação à alimentação, aos exercícios físicos, à segurança...

Se acredita que seu corpo é sua responsabilidade e que Deus não irá interferir no seu livre-arbítrio e na lei máxima de ação e reação, tomará suas devidas precauções e levará uma vida mais consciente.

É assim em tudo o que há em nossa vida. Tudo o que fazemos tem como princípio alguma crença, que se revela em pensamento, encontrando um sentido para se manifestar, virando uma ação positiva ou negativa em relação à vida em todos os aspectos.

No nível 2, o tratamento completo, usando os símbolos, reduz-se para aproximadamente 40 minutos, no mínimo.

Nível 3A – a Transmutação

Despertando seu Mestre Interior!

Essa harmonização amplifica o nível vibratório novamente e ativa o símbolo do mestre, que potencializa os demais símbolos.

Nesse nível, o Reikiano recebe mais um símbolo (*Dai Koo Myo*) que possibilita alcançar as curas espirituais, nas quais milagres são possíveis. Não há mais limite para quem acessa o símbolo do nível 3.

Os milagres, em minha opinião, são saltos quânticos, em que uma das probabilidades de alcançar o resultado desejado é alcançada.

Temos infinitas possibilidades de resultados para cada escolha. O tempo inteiro nossa rota é alterada por um sentimento ou por um pensamento e, principalmente, por uma ação. Bloqueamos acontecimentos e não temos consciência disso. Vivemos uma experiência vista de longe como magnificamente atualizada a cada instante.

Escolhemos algo, seguimos em frente, e no percurso ficamos ansiosos, logo não exercemos a fé. Começamos um trabalho, mas em algum momento procrastinamos ações importantes e alteramos o resultado. Sem a ação construtiva, não construímos.

O apego ao passado, às tristezas ligadas a cada fato que nos feriu, afeta nossa vibração pela falta de alegria e, de alguma forma, nos prendemos a cada um desses fatos.

Assim, entre os apegos do passado, a procrastinação do presente e a ansiedade do futuro, não conseguimos as respostas do que almejamos.

O símbolo *Dai Koo Myo* tem o poder de romper esses laços, mas o formamos o tempo inteiro, consciente e inconscientemente. A compreensão do que fazemos hoje, com nossa vida, altera o futuro e cura o passado.

O autoconhecimento é uma das coisas mais importantes para buscar em nossa vida. Somente quando nos conhecemos, quando sabemos das nossas limitações e das nossas dores, é que podemos lidar com elas.

Muita gente vive em um estado contínuo de negação, afirmando o tempo inteiro que está tudo bem, e se tornando triste ou revoltado. Sua luz própria vai apagando e a pessoa nem percebe que está ficando na escuridão. Há traumas e bloqueios que precisam de um profissional para ajudar nessa ressignificação. Nossa vida pode estar travada por conta de fatos passados que precisam de um novo olhar. Um terapeuta irá ajudá-lo com isso.

Esta é nossa tarefa de vida: buscar nossa recuperação por meio das curas do que está doendo, seja no corpo, seja no coração.

O tratamento completo de Reiki pode ser reduzido para 30 minutos, já que a concentração de energia é muito maior.

Nível 3B – a Consciência de Si (Mestrado)

No Mestrado (nível 3B), o aluno receberá todos os conhecimentos para fazer as iniciações.

Eu percebo que há um recebimento de energia diferente quando iniciamos alguém, como se fosse o contato mais direto com os símbolos.

Não tenha pressa em sair fazendo cursos, iniciando pessoas, assim que você receber essa sintonização do Mestrado. É preciso cautela, além de dedicação. Para o mestre Reiki começar a dar aulas e iniciar novos Reikianos, é imprescindível que tenha disciplina e disposição para dar suporte aos alunos.

Ser mestre significa dominar o assunto. Como já falei, um mestre Reiki não precisa ter conquistado a iluminação nem ser perfeito, mas é essencial que domine o assunto, que tenha experiências e que seja, no mínimo, digno de lidar com uma energia tão maravilhosa.

Símbolos do Reiki: Utilização para Aplicação

Os símbolos do Reiki são como chaves que abrem as portas de diferentes dimensões e camadas vibracionais. Eles já foram secretos, mas hoje estão acessíveis em livros e materiais sobre Reiki.

Na iniciação do primeiro nível de Reiki, as mãos se tornam aptas para canalizar a energia do Reiki. O Reikiano recebe o primeiro símbolo, *Cho Ku Rei*, que agirá no campo físico.

Na iniciação do segundo nível, o Reikiano recebe mais dois símbolos, *Sei He Ki* e *Hon Sha Ze Sho Nen*, para ativar e canalizar a energia Reiki agindo nos campos emocional e mental.

No nível 3A, o Reikiano irá receber o quarto símbolo, *Dai Koo Myo*, que amplifica todos os outros símbolos e atinge uma capacidade maior de canalizar energia, agindo no campo espiritual.

Já no nível 3B (Mestrado), o Reikiano recebe o último símbolo, *Raku*, que dá condições de iniciar outras pessoas. Apenas quem chegou a esse nível poderá fazer iniciações de Reiki.

Os símbolos somente são ativados se houver as devidas iniciações por um mestre.

Cada símbolo é composto de um yantra (desenho) e um mantra (som).

- O yantra, desenho ou figura geométrica, conecta a força cósmica.
- O mantra, palavra ou frase, determina o desejo. Para cada desenho, o nome deve ser repetido três vezes para formar uma onda energética.

É muito importante, ao desenhar os símbolos, respeitar cada traço, e lembrar que eles só serão ativados se você repetir três vezes o nome do símbolo (mantra).

Se enquanto estiver desenhando você errar, pare e comece de novo. Os símbolos devem ser desenhados com as mãos em concha, repetindo o nome mentalmente, se houver pessoas por perto. As sequências para o tratamento também são de extrema importância.

O uso correto dos símbolos permite experiências maravilhosas. Eles atuam em conjunto abrindo todas as possibilidades de transmutar situações físicas, materiais, emocionais e espirituais.

Definição Budista dos Símbolos do Reiki

1º símbolo: *CHO KU REI*

Cor: violeta.

Definição dada pelo Reiki: O interruptor de luz. O primeiro passo, início, entrada.

Este é o símbolo mais poderoso e o único que pode ser usado de forma independente. Você irá usá-lo todas as vezes que ativar a energia Reiki. Todos os outros símbolos dependem do *Cho Ku Rei* para serem ativados. Utilizado em qualquer ocasião, é o símbolo do poder, permitindo nossa ligação imediata com a Energia Cósmica e o fluir da energia Reiki. É a descida direcionada da energia vital para o plano físico. Ele transmuta energias inferiores para padrões mais elevados. Limpa, protege, e sua ação é instantânea.

Ao trazer o símbolo *Cho Ku Rei*, abrimos o canal para essa energia passar.

Quando somos iniciados no Reiki e passamos a usar os símbolos, o *Cho Ku Rei* passa a fazer parte de nossas vidas. Não há situação em que ele não possa atuar.

Não precisamos de autorização para usá-lo, porque a intenção desse símbolo é limpar, abrir espaço para energias superiores, proteger e transmutar.

Podemos fazer um grande *Cho Ku Rei* e enviar para lugares, pessoas, animais, objetos, plantas, inclusive para situações estressantes, de conflito ou briga. Eu particularmente uso esse símbolo para tudo (em pensamento), até quando alguém conversa comigo, contando-me fatos pesados.

Esse símbolo pode ser usado em nós mesmos, para envolver nossos filhos, nossa família, nossos carros, nossas casas. Podemos colocar nos alimentos, nos remédios, na água. Use-o sem economia, onde você possa imaginar que limpeza e proteção seriam importantes. Quanto mais você utiliza um símbolo, mais afinado com ele você fica.

O *Cho Ku Rei* traz em si a vibração do Reiki. Quando estamos relembrando um fato triste, podemos enviá-lo para essa lembrança; quando estamos preocupados com um encontro que teremos; podemos limpar o local ou mesmo a pessoa com quem nos encontraremos. Também podemos enviar *Cho Ku Rei* para construções, aparelhos domésticos, cadeiras em que vamos nos sentar, cristais, utensílios de trabalho, roupas e objetos emprestados.

Ele é o símbolo 1 – é o símbolo da purificação.

Tudo o que nos rodeia precisa ser purificado, pois em quase tudo fica impregnado a energia da dor, da ansiedade, do medo, da culpa. Há lugares com muitos acidentes repetitivos e isso se dá pela presença de energias pesadas, que estão ali pela vibração dos fatos que ocorreram no passado. É preciso limpar esses acúmulos, para não atrair mais essas tragédias.

Tive uma experiência com isso. Eu morava em um prédio que ficava de frente para uma avenida. Na época, já usava muito os símbolos do Reiki. Havia uma esquina, onde sempre ocorriam colisões, perto de minha casa. Era incrível como no mesmo lugar pudessem se repetir tantos acidentes. Foi quando pensei nisso e resolvi enviar muito *Cho Ku Rei* para limpar o local. Em poucos dias, os acidentes pararam.

Já tive várias experiências com brigas, discussões. Mesmo distante, quando vejo duas pessoas discutindo, começo a enviar esse símbolo, sem parar. Sempre me surpreendo com os resultados. Desenhe-o no sentido contrário ao movimento dos ponteiros de um relógio. Na figura, os traços finos numerados indicam o sentido em que deve ser desenhado no Hemisfério Sul (Brasil), portanto, procure memorizá-lo para usá-lo sempre que for necessário.

Muitas vezes, as pessoas se sentem mal porque seus chacras não estão funcionando de maneira positiva. Esse símbolo sozinho ajuda igualmente na harmonização dos chacras. Esse primeiro símbolo pode ser empregado também imaginando a cor violeta, que é a cor da transmutação. Seus resultados serão ainda melhores.

2º símbolo: *SEI HE KI*

Cor: verde.

Definição dada pelo Reiki: Cura emocional, equilíbrio.

Este é o símbolo da cura. Ele age no corpo emocional. O *Sei He Ki* trabalha todos os tipos de emoções – culpa, ira, tristeza, raiva –, por isso ele é essencial nos tratamentos. É muito útil para casos de compulsão e vício.

Diferentemente do primeiro símbolo, ele não pode ser usado em todos os lugares. Deverá ser utilizado para quem deseja tratamento, caso contrário, estaremos invadindo o espaço do outro e contrariando a lei universal do livre-arbítrio. Há pessoas que gostaríamos muito de tratar com energia Reiki, mas apenas se houver permissão. Se não houver autorização dela, não faça. A menos que seja uma criança ou alguém que esteja sob seus cuidados e que não esteja em condições mentais de pedir ajuda.

Esse símbolo é para ser usado em pessoas e animais. Ele traz harmonia. Aliado com o próximo símbolo, cura as emoções antigas (memórias afetivas, traumas, medos), que ficam registradas e acabam se tornando doenças do corpo. É excelente para trabalhar as perdas dolorosas, como o luto e a separação.

O *Sei He Ki* é um símbolo sagrado que traz o equilíbrio dos corpos. Ele busca a emoção gerada para transformá-la, harmonizando e equilibrando. Nossas atitudes são respostas do que sentimos, porque tudo o que fazemos tem um fundamento emocional. De pequenos detalhes a grandes gestos, atitudes repetitivas, todas possuem relação com o que temos guardado em nossas memórias. Elas estão ali, comandando nossos dias, e nem percebemos. Com o tempo, também acumulamos muitas crenças negativas, e nossas atitudes guiadas por essas crenças acabam atrapalhando nosso presente.

Um exemplo simples: uma pessoa abre a bolsa, pega um maço de cigarros, retira um cigarro do maço, coloca esse cigarro na boca e acende. Essa simples atitude está baseada em um vício que foi gerado a partir da tentativa de se acalmar.

Outro exemplo é o de uma mãe abrindo a porta várias vezes durante a noite para cobrir o filho, já adolescente. O que move essa mãe pode ser o medo de seu filho não conseguir se cobrir sozinho e passar frio, pois ainda guarda na lembrança o bebê que dependia dela.

Há pessoas que trabalham demais porque são movidas pela vontade imensa de se realizarem profissionalmente ou de ganhar muito dinheiro. Outras não trabalham porque são movidas pelo desânimo, talvez causado por uma decepção muito grande.

Emoções geram atitudes. Algumas serão conscientes, outras inconscientes. Sempre fazemos coisas que refletem nossos medos ou nossas expectativas.

Esse símbolo pode ajudar principalmente em casos de autossabotagem, ou seja, quando tudo está dando certo em relação a um projeto ou a um relacionamento e, por algum motivo desconhecido, a pessoa abandona tudo.

Podemos trabalhar com o símbolo 2 incessantemente até conseguir atingir o que queremos.

3º símbolo: *HON SHA ZE SHO NEN*

Cor: azul.

Definição dada pelo Reiki: Transpõe as barreiras do tempo e do espaço.

Este é o terceiro símbolo do Reiki. É a chave para o envio do Reiki a distância, pois ele elimina o espaço e o tempo, e traz tudo para o aqui e agora: seja em outros tempos, anos atrás, vidas passadas ou outros lugares, como outra cidade ou país. Não importa onde nem quando, esse símbolo transcende e quebra as barreiras para os outros agirem.

Ele trabalha o corpo mental.

Tudo no Universo é mental. Então, ele se torna imprescindível para mudar nossa vida, pois tem a atuação direta na mente.

Pode ser usado para eventos futuros, como situações difíceis que teremos de enfrentar, por exemplo, audiências, provas, encontros. Ele abre o caminho para os outros símbolos agirem. Junto aos outros símbolos permite que você se proteja, limpe e harmonize locais, situações, pessoas e animais. Em tratamentos, pode levar a energia para as dores do passado para serem tratadas, transmutando as emoções. Com ele não há limites, não há obstáculos quando está em ação.

Significado de cada traço do *HON SHA ZE SHO NEN*:

<table>
<tr><td>1</td><td>O Céu</td></tr>
<tr><td>2</td><td>desce à Terra</td></tr>
<tr><td>3</td><td>e cria</td></tr>
<tr><td>4</td><td>o ser humano.</td></tr>
<tr><td>5</td><td>O Céu (a Consciência Divina) está dentro do homem,</td></tr>
<tr><td>6</td><td>o homem tenta construir o Céu na Terra (viver com Deus na Terra),</td></tr>
<tr><td>7</td><td>o Céu desce à Terra por meio dos atos dos homens,</td></tr>
<tr><td>8</td><td rowspan="3">e o homem cria a casa de Deus,</td></tr>
<tr><td>9</td></tr>
<tr><td>10</td></tr>
<tr><td>11</td><td>o Céu só está dentro da casa de Deus,</td></tr>
<tr><td>12</td><td>o Céu só existe por causa da casa de Deus,</td></tr>
</table>

13	o Céu só se manifesta na casa de Deus,
14	só os homens de Deus merecem o Céu (êxodo),
15	Deus manda alguém lembrar que estamos errados (o Céu desce à Terra fora da casa de Deus).
16 **17**	O homem impuro
18	Os homens impuros ganham o Céu.
19	O homem impuro traz o Céu à Terra.
20	A morte ou fim de tudo,
21	nascimento,
22	salvação aos filhos dos seus filhos.

Com a iniciação do Reiki 2 (nível 2), a sequência dos símbolos a ser usada para os tratamentos será: 1, 3, 2, 1 (*Cho Ku Rei*, *Hon Sha Ze Sho Nen*, Sei He Ki e *Cho Ku Rei*).

4º símbolo: *DAI KOO MYO*
Cor: branca.
Definição dada pelo Reiki: Cura da alma.

Este é o quarto símbolo do Reiki, é o símbolo do Mestre de si mesmo, da realização. Nos tratamentos, ele potencializa todos os outros símbolos, tornando o tratamento mais rápido e mais eficiente. É responsável pelas curas milagrosas do Reiki, porque consegue ir além da matéria, além das emoções e da mente. Ele atua no nível espiritual e pode encontrar a origem do problema a ser tratado.

Essa é a energia mais forte do planeta. Permite o contato com energias de alta frequência, ou seja, faz o volume de energia se tornar ilimitado, acelerando as partículas energéticas do campo vibracional que nos cerca.

Minha experiência com esse símbolo foi inesquecível. Eu consegui senti-lo entrando em contato com meu campo energético. Acordei de madrugada com tudo girando ao meu redor, muito rápido. Logo consegui atribuir a experiência com a iniciação daquele dia.

Grandes transformações acontecem na vida do Reikiano quando ele chega ao Reiki 3A (nível 3A), e muitas transformações ocorrem nos tratamentos quando é utilizado esse símbolo.

No nível 3, inclui-se o *Dai Koo Myo* ficando a sequência 1, 4, 3, 2 e 1 (*Cho Ku Rei*, *Dai Koo Myo*, *Hon Sha Ze Sho Nen*, *Sei He Ki* e *Cho Ku Rei*). Com essa combinação, podemos irradiar energia para um número ilimitado de pessoas, simultaneamente.

Enquanto o *Cho Ku Rei* é energeticamente independente, o *Hon Sha Ze Sho Nen*, o *Sei He Ki* e o *Dai Koo Myo* são dependentes da ativação do símbolo *Cho Ku Rei* para funcionar.

O significado espiritual do *DAI KOO MYO:*

Linhas	Significado
Linhas 1, 2 e 3	O homem perfeito: antes de estar em um corpo físico, sujeito ao tempo, ao espaço e à individualização; antes de ser criado como forma definida, quando ainda fazia parte do chamado sonho da Divindade.
Linhas 4, 5 e 6	O estado original do "homem do Céu": a Trindade (conceito presente em diversas culturas), isto é, o Criador (Pai), a Força (Espírito) que tudo anima e o Criador (Filho).
Linha 7	O céu.
Linhas 8 e 9	Após a criação: pelo fato de estar no mundo da matéria, o estado original transforma-se de trino em duo: o Pai (forte, certo, interior) e o Filho (fraqueza, incerteza, exterior), faltando a força do Espírito (responsável pelo equilíbrio de forças).
Linhas 10 a 17	O Sol dos sábios e dos tolos: os sábios compreendem que o Sol (a verdade) está em seu interior; os tolos procuram o Sol no exterior (nas aquisições do mundo).

Ativação do chacra coronário: o chacra coronário é o mais espiritual. Ele é o mais importante de todos, porque é por meio dele que se alcança a consciência crística na matéria. Eu gosto de chamar essa conexão entre o espírito e o corpo físico de consciência física.

Somente quando conseguimos a abertura espiritual, dons, talentos, ideias, sabedoria, conquistas antigas podem agir no

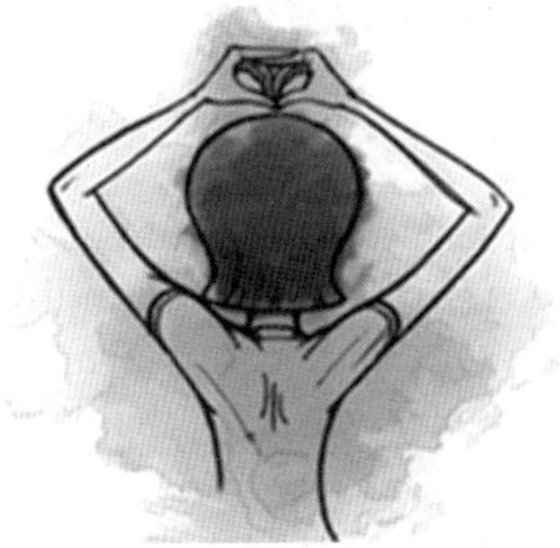

plano físico. Muitas vezes, passamos por situações difíceis na visão terrena, mas na visão espiritual seriam facilmente resolvidas.

É o plano dos milagres, não há tempo nem espaço que impeçam acontecimentos benéficos.

Há uma forma de contribuir com essa abertura e expandir a energia Reiki. Uma vez sintonizado energeticamente no nível 3A, pode-se utilizar esta sequência de ativação:

1. Junte os dedos anelares, médios e polegares de cada mão; os dedos indicadores e mínimos permanecem esticados.
2. Encoste as mãos de maneira que os dorsos dos dedos médios e anelares permaneçam juntos; o dedo mínimo e o indicador da mão direita permanecem sobre o dedo mínimo e o indicador da mão esquerda.
3. Eleve as mãos, mantendo esta posição como se fosse uma antena, tocando o chacra coronário com as pontas dos dedos que estão unidos – médio, anelar e polegar.
4. Visualize os símbolos 4, 1, 3 e 2, sempre nesta sequência. É uma senha. Os símbolos deverão ser desenhados mentalmente no topo da cabeça e entrar pelo chacra coronário.
5. Permanecer nesta posição no mínimo por três minutos para receber, por meio do chacra coronário ativado, a energia da mesma frequência de uma multidão.

5º símbolo: *RAKU*
Cor: Violeta e Prata
Definição dada pelo Reiki: Caminho e direção

Este símbolo não é utilizado durante a aplicação de Reiki, mas para concluir as iniciações do Reiki.

É o símbolo do mestre.

Ele significa a conclusão, o Deus interior, integração matéria e Espírito.

O quinto símbolo do Reiki, bem como todas as citações sobre como realizar as iniciações do Reiki, é dado presencialmente, nos cursos de Mestrado.

Origens do Raku

O símbolo Raku, diferente dos demais, não é mencionado nas antigas formas de cura do Reiki. Alguns praticantes de Reiki acreditam que Raku se originou no Tibete e foi introduzido no Reiki por Iris Ishikuro, uma venerada Mestre da Cura. O símbolo foi trazido ao mundo ocidental por Arthur Robertson, um aluno do Mestre Ishirkuro.

Características do Raku

O símbolo Raku é desenhado na forma de um relâmpago que começa por cima do céu e leva para baixo, para a terra.

A forma do símbolo Raku reflete o caminho e a direção em que o chi viaja na luz.

Raku pode ser imaginado em qualquer cor, mas a maioria dos mestres de Reiki diz que é visualizado predominantemente na cor violeta ou prata.

Resumo para o Procedimento de Aplicação de Reiki

1. Primeiro, coloque os símbolos nas mãos;

a) Se você só tiver o primeiro nível, basta intencionar que estará recebendo e transmitindo a energia Reiki e, assim, começará a aplicar o Reiki.

b) Se você tiver o nível 2, a sequência é 1, 3, 2 e 1.

c) Se você tiver o nível 3, acrescente o símbolo 4, ficando assim a sequência: 1, 4, 3, 2 e 1.

2. Fazer uma breve oração de agradecimento, entregando suas mãos para ser um canal de Reiki. Minha oração pessoal é: Senhor, entrego as minhas mãos para ser um canal de Luz, Amor e Cura.

3. Aplicar Reiki (pode-se começar a aplicação pelo problema a ser tratado, pela queixa do cliente. A aplicação na parte das costas é opcional. Uma sugestão é que você faça um pouco

de Reiki em todos os chacras principais, a fim de harmonizá-los);

4. Para finalizar, agradeça aos mestres pelo atendimento, sopre as mãos e desperte carinhosamente seu cliente.

A energia Reiki é inteligente, por isso não tem como errar. O importante é a seriedade com que você se apresenta como canal dessa energia. Posições e lugares são importantes, mas a intenção e a preparação do canal são essenciais, assim como a receptividade do cliente.

Posições para Aplicar Reiki

A orientação que dou aos meus alunos é que sigam a intuição, e coloquem as mãos onde sentirem que é preciso e onde o cliente sinalizar a dor.

O importante é perceber qual chacra está mais fraco ou bloqueado e manter o foco nesse chacra.

Se a intuição ainda não estiver muito forte sobre como agir, observe a queixa do cliente. De acordo com cada problema, um ou mais chacras se mostram mais necessitados de energia, e mais tempo deverá ser feito Reiki. O ideal é que todos os sete chacras recebam Reiki, assim conseguimos equilibrar e energizar completamente a pessoa.

Normalmente, fico metade do tempo cuidando da necessidade maior, por exemplo, se o paciente tem dores nos joelhos, e a outra metade do tempo equilibrando os sete chacras principais.

Embora exista divulgação de especificidades quanto à posição das mãos, é melhor se manter mais intuitivo que rígido com relação a essas "regras", pois, enquanto estamos aplicando

Reiki, a energia estará percorrendo todo o corpo. Por ser uma energia inteligente, ela irá abastecer o lugar mais necessitado. Não somos nós que comandamos a energia, apenas somos canais facilitadores.

Maneiras de Enviar Reiki a Distância

Existem muitas maneiras de enviar Reiki a distância. Trago alguns exemplos, inclusive a forma que utilizo com mais frequência. Se você estiver muito conectado, descobrirá a que melhor se encaixa para si mesmo.

Caixinha de Reiki

A caixinha do Reiki é outra maneira de enviar Reiki. aApós elaborar sua caixinha devidamente, você terá uma aliada no envio de Reiki. Ela irá agir o tempo inteiro, harmonizando o que há dentro dela com a energia do Reiki.

Para preparar sua caixinha, desenhe no fundo interno os símbolos 1, 4, 3, 2, 1. Se tiver apenas o nível 2, não coloque o símbolo 4. Escreva seus mantras três vezes. Você pode cobri-los com um papel, se preferir.

Faça o mesmo com a tampa da caixa.

a) Coloque dentro da caixa todos os dados que tiver sobre as pessoas que receberão a energia Reiki – fotos, bilhetes com pedidos, objetos pessoais, etc.

b) Ative a energia desenhando com a mão ou mentalmente os símbolos. Repita seus mantras três vezes sobre a caixa, enquanto apoia a outra mão em concha sobre ela.

c) Mantenha as mãos sobre a caixa por cinco minutos. A energia estará ativada por 24 horas e deverá ser ativada novamente após esse tempo. Para ativar diariamente, basta fazer o símbolo 1. Você pode fazer isso a distância também, imaginando esse símbolo ativando sua caixinha de Reiki.

Caderno Pessoal

a) Desenhe na contracapa e na última capa os símbolos 1, 4, 3, 2, e 1, escreva três vezes seus respectivos mantras.
b) Na primeira vez que for ativar a energia do caderno, mantenha-o sobre as mãos por cinco minutos aplicando Reiki e a energia estará ativada por 24 horas.

c) Escreva ou desenhe suas necessidades, desejos, objetivos. Faça projetos, coloque metas.

d) Se quiser, cole fotos de pessoas, animais, objetos, sem limitações, para os quais deseje direcionar Reiki.

e) Após esse tempo, o caderno deverá ser ativado novamente, todos os dias, com o símbolo *Cho Ku Rei*, da mesma forma que se faz com a caixinha de Reiki.

Lembre-se: se ainda não tiver o nível 3A, não faça o símbolo 4 (*Dai Koo Myo*).

Técnica da Foto

O Reikiano usa uma foto da pessoa para enviar energia Reiki, direcionando para um lugar específico.

Técnica que Utilizo para Enviar Reiki a Distância

a) Primeiro, combino o horário com a pessoa em que irei aplicar Reiki a distância.

b) Depois coloco os símbolos nas minhas mãos, sempre na ordem 1, 4, 3, 2, 1, recitando os mantras três vezes, e fecho as mãos em forma de oração.

c) Abro minhas mãos e coloco mentalmente a pessoa nelas, dizendo seu nome, e torno a fechá-las.

d) Fico na posição de oração o tempo combinado anteriormente.

e) Escolho o local, aplicando diretamente no lugar que a pessoa está precisando de energia, por exemplo, no estômago, na lombar, no pé... Ou fazendo nos chacras, um por vez.

f) Quando termino, abro as mãos, sopro para o Universo e me desligo mentalmente.

Está feito.

Chacras e Reiki

Agora você já sabe a história do Reiki, dos quatro níveis; o próximo passo é: como ele atua em nós?

A resposta é simples: por meio dos chacras. Vamos agora falar um pouco sobre esse tema tão valioso na compreensão de como recebemos a energia do Reiki e como ela pode transformar nossas vidas.

Os chacras são portais multidimensionais que armazenam todos os nossos registros.

Trocamos energia com o mundo por intermédio dos chacras. Nosso corpo se nutre da energia vital por meio dos chacras. Se eles não estiverem em pleno funcionamento não irão receber energia o suficiente. Essa deficiência, aos poucos, poderá gerar algum tipo de doença ou desajuste.

A energia do Reiki atua pelos chacras, que são esses centros de força que abastecem nosso corpo e nossa vida. Se não fossem pelos chacras, não poderíamos nos manter vivos. A energia do Universo entra em nós por eles. Os chacras são responsáveis pelos estados físico, emocional, mental, espiritual, profissional, material, financeiro, afetivo. Por isso é muito importante cuidar da frequência e da atuação de cada um deles, porque os chacras resultam na nossa vibração, logo, na nossa realidade manifestada.

Nessas circunstâncias, pode-se contar com a ajuda do Reiki. Ele traz aquilo que não conseguimos manter tão facilmente: uma vibração mais alta. O Reiki atua diretamente nos chacras, desbloqueando, purificando e energizando, dando condições para o corpo se regenerar, reconstruir e funcionar na sua plenitude.

O Reiki traz a energia vital de que precisamos para a realização das nossas tarefas. Podemos pensar nele como um alívio vindo dos céus. Eis por que sempre afirmo que o Reiki é a compaixão de Deus por nós, no sentido de que não importa o que fizemos até aqui, ainda dá tempo de recomeçar.

O que fazemos continuamente determina a qualidade do funcionamento dos chacras. Por exemplo, uma pessoa que vibra na raiva, no desentendimento e na discórdia certamente tem os chacras do plexo solar e cardíaco, que envolvem os relacionamentos, mais bloqueados. Uma vez assim, não fluirá a energia do Universo em sua plenitude, e tudo que estiver associado a esses chacras ficará deficiente. A alegria e a força pessoal, atributos fortes desses dois chacras, também estarão comprometidas. No entanto, pessoas que se mantêm confiantes em relação a si mesmas e à vida terão esses mesmos chacras mais saudáveis, e tudo o que pertence a eles estará funcionando bem.

Você foi a algum lugar e voltou se sentindo pior ou melhor? Isso ocorre por conta da troca de energia que acontece nos ambientes.

Sabe aquela pessoa que tem uma vida muito próspera? É por conta do chacra responsável pela prosperidade material que está em pleno funcionamento e que a impulsiona a ter comportamentos prósperos.

Sabe aquele outro indivíduo que tem um amor muito grande por si mesmo e se cuida muito bem? É o chacra responsável pela autoestima que está trabalhando intensamente que o faz querer se cuidar.

Sabe aquele conhecido que está sempre cansado, doente, apagado? O chacra responsável pela força física está comprometido.

Cada chacra possui cores específicas, sons e frequências vibracionais, ou seja, eles são influenciados por cores, sons e frequências externas. Por exemplo, se você estiver em contato com a Natureza, além da energia vital que receberá dela, ainda terá o benefício da cor verde que, por sua vez, abastecerá o chacra do coração. Logo, estará facilitando tudo o que está relacionado ao chacra do coração, como o equilíbrio emocional.

Os chacras captam e reciclam as energias do corpo físico. Por isso é muito importante escolher os lugares que frequentamos, as pessoas com quem nos relacionamos. Quando isso não for possível, ao menos devemos fazer compensações. Por exemplo, se você sente que está perdendo energia vital no trabalho, frequente lugares diferentes, seja mais positivo. Faça passeios em locais onde tenha muita Natureza para se recarregar de energia positiva. O importante é se observar e perceber se está sendo consumido diariamente ou se está conseguindo compensar sua energia para não ficar desnutrido energeticamente.

Outra coisa muito importante é compreender que lugares, assim como objetos, acumulam a energia das pessoas que os frequentam ou os usam. O que eleva ou diminui a vibração de um local, normalmente, são os pensamentos e as emoções daqueles seres humanos que o frequentam. Contudo, lugares e objetos, bem como nossa aura, podem ser limpos e transmutados. O contrário também é verdadeiro. Por exemplo, um local harmonioso pode ficar em desarmonia na ocorrência de uma briga ou na presença de uma pessoa energeticamente muito desequilibrada.

Se permanecermos em uma frequência muito baixa, estaremos suscetíveis a vibrar na negatividade humana. Se nos mantivermos em uma frequência alta, estaremos em condições saudáveis e prósperas. Os alimentos e as bebidas podem alterar drasticamente nossa energia. Negativamente: o álcool, a carne, o açúcar branco, os refrigerantes e os produtos industrializados. Positivamente: as verduras, as frutas, os legumes e os vegetais. Objetos e equipamentos também podem modificar nosso campo áurico porque baixam a frequência vibratória. Como exemplos, temos o forno micro-ondas e os sistemas de aquecimento.

Os aspectos positivos e negativos de um determinado chacra devem ser entendidos de forma ampla. Por exemplo, uma pessoa saudável não é apenas um ser isento de doenças, mas também alguém bem-disposto, que consegue viver seu cotidiano sem desanimar por falta de energia. Uma pessoa próspera é diferente daquela que ganhou dinheiro de maneira inescrupulosa. Prosperidade é uma virtude; significa estar cada vez em uma condição melhor. A prosperidade não se restringe à situação financeira, mas está em todas as áreas da nossa vida, na intelectual, na afetiva, na profissional...

Pessoas prósperas estão sempre avançando em seus projetos.

Indivíduos de sucesso nem sempre alcançam a fama, porque o sucesso deve ser entendido como a capacidade de conseguir atingir objetivos, como fazer um curso, construir uma história, concluir um projeto.

Cada um dos chacras está associado a determinadas emoções e sentimentos. Isso explica a somatização das emoções em nossos corpos e o funcionamento de técnicas orientais, como o Reiki, que atua muito bem com símbolos, limpando auras, transmutando a energia de pessoas, animais, lugares e objetos.

Nossos chacras guardam memórias de tudo o que vivenciamos.

Embora existam muitos chacras em ação, podemos dizer que há sete que se destacam. Eles são responsáveis pela qualidade da nossa vida em todos os setores.

Os Sete Chacras

A seguir, vamos ter uma série de vídeos explicativos sobre os chacras e suas funções.

Chacra Básico – 1º Chacra

Nome em sânscrito: MULADHARA (“base e fundamento”; “suporte”).

Localização: Base da coluna vertebral.

Cor: Vermelho.

Elemento: Terra.

Funções: Saúde física e bens materiais.

Aspectos positivos:

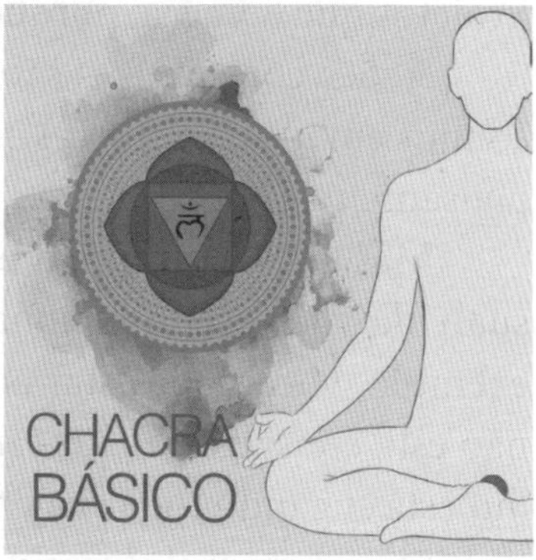

- Estabilidade financeira;
- Individualidade;
- Saúde física;
- Ação construtiva;
- Prosperidade material;
- Segurança;
- Recuperação mais rápida;
- Ânimo;
- Disposição;
- Força;
- Fôlego para superar obstáculos;
- Coragem;
- Agilidade.

Manifestações negativas:

- Insegurança;
- Doença;
- Pobreza;
- Miséria;
- Violência;
- Dores;
- Vícios;
- Inatividade;
- Lentidão;
- Medo;

- Fraqueza;
- Indisposição crônica;
- Cansaço.

Se você vive em eterno conflito e dificuldade com a parte material e física, provavelmente, seu primeiro chacra está precisando de cuidados. Preste atenção se dá continuidade aos projetos que começa, porque ele é o chacra da ação.

Ações construtivas são aquelas que transformam nossos sonhos em ideais, projetos em realidade. Ações que convertem pensamentos em realidade.

Mas se está sempre doente, perceba para qual aspecto da sua vida você está direcionando toda a sua energia vital. Por exemplo, você pode estar adoecendo com frequência, porque não está conseguindo descansar como deveria, pois seu trabalho está sugando toda sua energia.

Outro exemplo: se alguém da família estiver precisando de cuidados especiais, dependendo de você, e seu tempo livre fica comprometido para ajudar esse familiar.

Ou mesmo quando você se distrai por horas na internet, e deixa de fazer exercícios e descuida da sua saúde. Entende como existem inúmeras maneiras de desprezar as necessidades do corpo físico?

Para tudo existe tempo, para trabalho, família, assistência ao próximo, mas é preciso ter a consciência do tempo para cuidar das nossas próprias necessidades físicas, como descansar, dormir, nos exercitar, nos alimentar corretamente.

Evite lugares e pessoas que sugam sua energia e fique mais perto da Natureza. Coloque os pés na terra, coma mais vegetais, tome sol e mais água. Descubra maneiras de suprir sua energia vital. Exercícios físicos são extremamente importantes para a saúde e colocam em movimento o primeiro chacra, o chacra básico.

Negligenciamos nossas necessidades básicas, como dormir, comer, nos movimentar corretamente, e os resultados virão, mesmo que não tenhamos consciência das atitudes negativas que temos.

Pode-se dizer que todas as doenças estão relacionadas ao chacra básico, já que ele está diretamente ligado à saúde do corpo físico. Porém, as áreas mais vulneráveis são: coluna vertebral, ossos, dentes, pés, joelhos, pernas, rins, intestino grosso, reto, ânus.

Também esse chacra é responsável pela vida financeira. Se sempre está faltando o dinheiro para pagar as contas básicas, como moradia, alimentação, despesas fixas, significa que, da mesma forma, estamos direcionando a energia financeira para outros setores, atrapalhando, ou seja, não deixando que o básico seja suprido.

A riqueza financeira se relaciona aos cuidados com os outros chacras também, não apenas do primeiro chacra. O primeiro chacra tem equivalência à vida básica que você mesmo determinou para si.

Quando buscamos a riqueza material, temos que trabalhar os outros chacras também, como o amor-próprio, imagem, desejos, criatividade (segundo chacra); clareza, determinação, estratégias, conhecimento, inteligência, crenças (terceiro chacra); modelos de riqueza, infância, bloqueios emocionais (quarto chacra); talentos, habilidades, expressão criativa, comunicação (quinto chacra); intuição, sabedoria, relacionamentos (sexto chacra); e organização da vida em um todo, usando a luz própria para iluminar outros caminhos (sétimo chacra).

Enfim, quando temos uma vida financeira básica e queremos dar um salto para a riqueza, todos os chacras têm suas contribuições próprias. Cada um na sua proporção exata de capacidade individual.

Uma forma que pode ajudar a estimular positivamente o primeiro chacra é você se conscientizar da ação construtiva, sempre pensando se as atitudes que estão sendo realizadas estão ajudando ou afastando dos objetivos que você quer alcançar, em qualquer área da sua vida.

Neste momento ter uma rotina funcional, consciente, irá ajudar muito. Eu particularmente tenho uma rotina que me ajuda a conciliar minhas questões pessoais com as profissionais. Esse ajuste diário, sem dúvida, é uma estratégia que funciona.

Faça as coisas acontecerem na sua vida, fazendo acontecer, e não esperando que ocorram ao acaso. Nada irá acontecer ao acaso. Terá que ter seu esforço pessoal. Apenas o desejo em si não substitui o valor da atitude, da ação. Tudo no mundo material necessita da nossa ação. Modifique seu comportamento e a vida mudará.

Chacra Sacro – 2º Chacra

Nome em sânscrito: SWADHISTANA ("morada do prazer").

Localização: Abaixo do umbigo.

Cor: Laranja.

Elemento: Água.

Funções: Emoções e Vitalidade.

Aspectos positivos:

- Criatividade;
- Prazer;
- Saúde emocional;
- Autoestima;
- Satisfação;
- Bom humor;
- Autocuidado;
- Autorrespeito;
- Amor-próprio;
- Desejos;
- Beleza;
- Criança interior;
- Sexualidade sadia;
- Inteligência emocional;
- Autoconfiança.

Manifestações negativas:

- Ciúmes;
- Vaidade excessiva;
- Impotência;
- Problemas sexuais;
- Mau humor;
- Desequilíbrio emocional;
- Desânimo;
- Compulsões;
- Egoísmo;
- Inveja;
- Futilidade excessiva;
- Inércia;
- Apatia;
- Vícios;
- Depressão;
- Doenças físicas e emocionais.

No segundo chacra, temos a força criativa do Universo agindo em nós, pois somos cocriadores do nosso mundo. Quando abastecido, juntamente ao chacra básico, pode-se construir, fazer, acontecer, conforme a capacidade humana permite. O chacra sacro detém a força motora que impulsiona o desejo de seguir em frente e conquistar. É essa energia propulsora que nos mantêm ativos, animados, felizes, centrados em nós mesmos, nos sentindo vivos. Esse chacra fortalece o amor-próprio, o autorrespeito, o autocuidado, o quanto você sente prazer em ser quem é. Ele traz a força e a capacidade de buscar seus desejos.

Pessoas com distúrbios no chacra sacro normalmente são desanimadas e, para compensar o vazio que criam em suas vidas, refugiam-se em vícios, drogas, comidas nocivas. Ou seja, se você perceber que está com atitudes compulsivas, busque ajuda. Um olhar profissional poderá auxiliá-lo a compreender que sentimentos estão motivando a autodestruição para que você possa corrigi-los.

Quem se preocupa excessivamente com os outros, dando pouca atenção a si mesmo, também enfraquece esse chacra.

Uma das disfunções do segundo chacra é a vaidade excessiva. Quando o amor por si mesmo não é genuíno, existe a ilusão de que a pessoa se ama, mas na verdade ela se envaidece de situações passageiras. Por exemplo, alguém pode achar que se ama, mas ama o corpo jovem, a posição hierárquica que ocupa, o casamento e não o casal, as coisas que possui.

Contudo, se retirar a juventude, o casamento convencional, esse ou aquele adereço, o amor por si acaba. Pessoas assim nem mesmo se conhecem, nem sabem seus gostos, seus dons, vivendo apenas de aparência. Vivem cada vez mais longes de si mesmas e mais infelizes se tornam, porque a felicidade é impossível de ser encontrada em pessoas, objetos ou lugares. Na verdade, esses indivíduos querem ser aprovados.

Outra grande disfunção desse chacra é a culpa, além da vergonha. Criamos expectativas sobre nós mesmos, e se as coisas não acontecerem exatamente como gostaríamos, ficamos frustrados e nos recolhemos nos sentindo insignificantes. Essa postura aos poucos irá minando a alegria natural. E no lugar dessa alegria de ser quem é, um ser único e maravilhoso, instalam-se uma insatisfação e uma amargura de estar na vida de uma pessoa que não se admira e que, por isso, não se cuida.

Se conseguirmos ter um olhar mais amoroso para nossas atitudes do passado, avaliar que os nossos erros foram meios de aprender o que não sabíamos, conseguiremos nos manter firmes em buscar uma nova e melhor maneira de ser todos os dias.

A verdadeira satisfação é aquela que se refere a você sendo construído diariamente; uma permanência na busca do crescimento pessoal, aproveitando o caminho em busca do autoconhecimento.

Dificilmente podemos avançar se não houver essa busca constante. Mas, afinal, o que se deveria buscar? Buscar resolver nossos bloqueios, nossas crenças limitadoras, superar nossos traumas, cuidar do nosso passado, para que o presente não seja contaminado com dores e desilusões. Buscar transformar essas dores em aprendizado. Aprender a viver o presente, sem adiar momentos de prazer, momentos bons. Saber dosar entre aquilo que se deseja e aquilo que se deve fazer, para que a vida não seja chata, exaustiva, nem dispersa e sem rumo.

Nesse sentido, é importante descobrir formas prazerosas para se descontrair. Faça por você pequenos gestos diários, descubra-se, respeite-se. Há pessoas que depois de uma separação ou de um luto ficam totalmente perdidas, porque simplesmente não sabem como seguir suas vidas, não têm propósitos individuais.

Há outras que se perdem tanto de si, que não se conhecem, não sabem o que gostam de vestir, nem o que apreciam comer. Viveram tanto os gostos do cônjuge ou dos pais, que perderam sua individualidade. A cura para isso é aprender sobre si, redescobrir até mesmo o que lhes dá alegria e prazer.

O maior desequilíbrio no segundo chacra é viver nos extremos – de um lado, olhando apenas para suas próprias necessidades, esquecendo-se de que os demais também têm seus direitos; e, de outro, viver olhando somente para outras pessoas, esquecendo-se de suprir as suas próprias necessidades. Essa postura é prejudicial para nosso crescimento; entre a individualidade e o outro, encontramos o meio-termo que nos mostra que o bom caminho é sempre o caminho do meio, e não o dos extremos. Evoluir significa aprender a viver sua essência, mesmo se relacionando com outros indivíduos. Ser bom para si não é um empecilho para ser bom para o outro. E vice-versa.

Áreas físicas afetadas pelo mau funcionamento desse chacra: sistema reprodutor, pernas, pés, quadris, nervo ciático, hormônios, menstruação. Assim como o chacra básico, o chacra sacral também tem sua participação em todas as doenças físicas e emocionais.

Chacra Plexo Solar – 3º Chacra

Nome em sânscrito: MANIPURA ("cidade das joias").

Localização: Boca do estômago.

Cor: Amarelo.

Elemento: Fogo.

Funções: Digestão, emoções e metabolismo.

Aspectos positivos:

- Autocontrole;
- Autoridade;
- Humor;
- Poder pessoal;
- Força mental;
- Vitalidade;
- Vontade;
- Proteção;
- Harmonia;
- Clareza;
- Estratégias;
- Autonomia;
- Discernimento;
- Determinação;
- Inteligência;
- Foco;

- Pontualidade;
- Realização;
- Responsabilidade.

Manifestações negativas:

- Medo;
- Ódio;
- Raiva;
- Fraqueza;
- Falta de determinação;
- Vulnerabilidade;
- Preconceito;
- Desconfiança;
- Indecisão;
- Ansiedade;
- Negligência;
- Inércia mental;
- Confusão;
- Falta de bom senso;
- Cansaço mental;
- Crenças limitantes;
- Dispersão nos pensamentos;
- Irresponsabilidade.

O terceiro chacra está ligado à força da nossa mente para elaborar objetivos e planos de ação. O poder de criar estratégias, planejando ações para executar acontece a partir de um terceiro chacra potente. A mente firme planeja com estratégias reais e com foco, para que cada tarefa seja executada, a fim de realizar os objetivos.

Esse é o chacra dos líderes. Quando muito energizado, seguimos em frente com os pensamentos retos e cumprimos nossas metas. Quando enfraquecido, não temos força para nos impor ou conseguir o que desejamos, simplesmente, porque não temos força para agir. Para prosseguir, prosperar, precisamos fortalecer esse chacra, para manter o magnetismo elevado, que é essencial para quem deseja se destacar. Grandes líderes têm esse chacra abastecido.

Há grande número de pessoas que usam esse poder pessoal para prejudicar outras ou liderar ideias perversas. Para toda ação existe uma reação, e quanto mais você usar suas forças para prejudicar ou para ajudar o mundo, mais carma negativo ou positivo acumulará em sua aura.

Podemos dizer que carma positivo é dito como o merecimento, o qual se fala muito nas religiões. Já carma negativo é sobre acumular vibrações em nossa aura de coisas ruins que fizemos. Então, alguém que prejudicou outras pessoas, usando o poder mental, acumula em si tudo o que fez de ruim para o outro, e sua aura ficará cada vez mais pesada e intransponível para passar a energia pura do Universo.

É assim que se dão os carmas negativo e positivo. O que se faz fica registrado na aura da pessoa que o fez, seja bom, seja ruim. Quanto mais limpa estiver nossa aura, mais sentimos a leveza da luz. E isso ocorre em relação a outras pessoas ou a nós mesmos. Quando fazemos algo ruim para nós, também estamos criando carma. Nossas ações, sejam quais forem, sempre estarão sujeitas à lei de ação e reação.

O mau uso do nosso poder pessoal, como a manipulação ou a mentira, gera bloqueios, e pela lei universal de ação e reação, isso irá acumular resíduos de negatividade. Quantas vidas serão necessárias para limpar e purificar o plexo solar de quem o usa sem escrúpulos?

Os chacras se deformam com o mau uso deles. Ficam seriamente comprometidos.

Apesar do livre-arbítrio, não podemos nos esquecer de que existem as Leis Universais.

Por outro lado, pessoas fracas sentem-se vitimizadas, odeiam as situações que lhe são impostas e também acabam deformando seus chacras.

Emoções negativas fazem parte da negatividade desse chacra, como o medo, a ansiedade e a raiva. O problema é que são emoções muito comuns em nossas vidas. Talvez passemos dias tomados de alguma dessas emoções e nem nos damos conta, de tão acostumados a sentir assim e vibrar nessa sintonia.

Ficamos cada vez mais fracos, cada vez mais desanimados para conquistar nossos objetivos. As ideias ficam mais confusas, os dias mais chatos e os sonhos mais distantes de serem alcançados.

Lembrando que todos os chacras afetam nossa vida também, não só o corpo físico. E esse chacra em especial está muito ligado ao direcionamento dos nossos pensamentos, logo, ele afetará todo o nosso comportamento. Além de ser o chacra de maior ligação com os outros, já que são os pensamentos que nos ligam aos demais.

Áreas físicas mais afetadas pelo mau funcionamento desse chacra: sistema endócrino, baço, pâncreas, fígado, vesícula, intestino delgado, parte inferior das costas. Doenças associadas: problemas digestivos, enfermidades crônicas e desequilíbrio mental.

Chacra Cardíaco – 4º Chacra

Nome em sânscrito: ANAHATA (“invicto”; “inviolado”).

Localização: Coração.

Cor: Verde (cura e energia vital); Rosa (amor).

Elemento: Ar.

Funções: Sentimentos, expressão divina.

Aspectos positivos:

- Amor incondicional;
- Compaixão;
- Equilíbrio;
- Harmonia;
- Paz;
- Alegria;
- Generosidade;
- Empatia;
- Ligação com Deus;
- Paciência;
- Tolerância;
- Amizade;
- Companheirismo;
- Solidariedade;
- Altruísmo.

Manifestações negativas:

- Desequilíbrio;
- Instabilidade emocional;
- Medo;
- Tristeza;
- Traumas;
- Lutos;
- Brigas;
- Maldade;
- Intriga;
- Fofoca;
- Abuso;
- Egoísmo;
- Exploração;
- Severidade.

O quarto chacra é a ponte que liga os chacras físicos (primeiro, segundo e terceiro) aos chacras espirituais (quinto, sexto e sétimo). Nossos talentos e nossas qualidades espirituais passam ou não para o plano da matéria conforme o estado do chacra cardíaco. Isso explica por que, em certo momento da vida, alguns talentos surgem.

Muito do que somos ainda não se manifestou nesta vida e, no momento certo, uma habilidade poderá surgir e todo o rumo da sua vida muda.

Entretanto, observe que interessante: se nosso coração não estiver desbloqueado, talvez não tenhamos oportunidade de conhecer esses novos talentos ainda não manifestados. O cultivo da alegria, da amorosidade e da gratidão ajuda muito para desbloquear nosso coração.

No meu entendimento, esse chacra é o mais importante para ser trabalhado pelos Reikianos. Quanto mais limpo e puro, mais o Reikiano poderá canalizar e expandir a energia do Reiki.

A capacidade de perdoar, transformando dores em aprendizado, é a grande questão do ser humano. Quanto mais mágoas, ressentimentos, mais esse chacra fica bloqueado. Não são só a maldade e a indiferença com o outro que bloqueiam esse chacra e impedem que os milagres aconteçam, a tristeza também bloqueia.

Pessoas muito boas, mas que acumulam frustrações, obstruem esse chacra, impedindo que as coisas boas da vida sejam atraídas pelas emoções fantásticas que o amor e a alegria podem trazer.

Seres humanos amáveis e alegres atraem naturalmente coisas boas, pois estão em sintonia com as mais altas vibrações do Universo.

Quando o quarto chacra está ativado, desenvolve todo o potencial para o amor altruísta. Os sentimentos humanos egoístas desaparecem, inicia-se o caminho para a consciência coletiva. Quando enfraquecido, indica a necessidade de se libertar do egoísmo e de cultivar maior dedicação ao próximo.

Esse chacra está muito ligado à nossa capacidade de acolher o outro. Pessoas com esse chacra em equilíbrio conseguem ajudar sem privar o outro da sua individualidade. Ajudam sem cobrança. Respeitam a privacidade e o direito à escolha. Indivíduos que não estão em equilíbrio nesse chacra não conseguem desenvolver a empatia e a generosidade, que são duas virtudes tão aliadas ao amor ao próximo.

Esse chacra é extremamente importante para nossa evolução como seres humanos. Trata-se de aprender a conviver sem explorar nem ser explorado; aprender a compartilhar seu tempo e seus conhecimentos sem desviar da própria vida;

aprender a respeitar as diferenças se mantendo em seus princípios, sabendo que cada um se encontra em um ponto evolutivo diferente.

Acredito que boa parte do nosso crescimento espiritual esteja no que desenvolvemos no chacra cardíaco. Não consigo imaginar o ser humano evoluir sem desenvolver a empatia pelo próximo e todas as qualidades de que precisamos no quarto chacra.

Todas as virtudes encontradas nos outros chacras também são importantes, como a disciplina, a inteligência, a sabedoria, a ação construtiva... Mas as virtudes do quarto chacra mantêm a união entre as pessoas, não a competição. Mantêm a paz em vez das guerras, a benevolência no lugar da crueldade. Sem essas qualidades, a humanidade estaria condenada a todos os infortúnios da indiferença, da maldade e da manipulação.

Saber dosar o amor pelas pessoas, ajudando, auxiliando, sem atrapalhar o caminho e o crescimento do outro, respeitando os limites entre nossas expectativas e o que o outro pode oferecer, tudo isso é muito valioso.

Áreas físicas afetadas pelo mau funcionamento desse chacra: sistema circulatório, coração, parte superior das costas, pele, alergias, doenças cardíacas, pressão alta ou baixa, colesterol alto, síndrome do pânico e incapacidade de amar e perdoar.

Chacra Laríngeo – 5º Chacra

Nome em sânscrito: VISHUDDHA (“o purificador”).

Localização: Garganta.

Cor: Azul-claro.

Elemento: Éter.

Funções: Relacionadas ao som, à vibração e à comunicação.

Aspectos positivos:

- Comunicação;
- Expressão;
- Criatividade;
- Conhecimento;
- Honestidade;
- Integração;
- Lealdade;
- Paz;
- Verdade;
- Missão de vida;
- Cumprimento;
- Positividade;
- Doçura;
- Trabalho;
- Dons;

- Talentos;
- Habilidades;
- Sucesso.

Manifestações negativas:

- Timidez;
- Mentiras;
- Submissão;
- Gritos;
- Medo de se expressar;
- Negatividade;
- Pessimismo;
- Desencanto;
- Rispidez;
- Revolta;
- Desaforo;
- Fracasso.

Quando esse chacra está em perfeito funcionamento, de forma geral, indica força de caráter, honestidade, grande capacidade de expressão e autoridade.

O discernimento e o bom senso em saber o momento de falar e o momento de calar equilibram esse chacra. Há pessoas que poderiam dar sua contribuição por meio do conhecimento que têm e, por timidez ou indiferença, não o fazem. Há indivíduos que o fazem sem usar o bom senso e atrapalham em vez de ajudar, por falar demais.

Não nascemos com manual de instrução do que exatamente devemos falar, quando devemos e por que devemos nos manifestar. É aí que entra o bom senso, neste momento uma pessoa sábia o faz de maneira correta e, com isso, ganha a admiração das outras pessoas.

Não basta a intenção de querer ser útil, não basta ter a certeza da razão. Há um contexto que dá sinais para que não usemos nossa palavra desnecessariamente.

Esse chacra está muito ligado à nossa profissão, que é uma forma de expressão da nossa individualidade. Quando conseguimos colocar no mundo nossas habilidades, expressando o que há de melhor em nós, contribuímos para um mundo melhor.

Palavras têm o poder de auxiliar ou prejudicar pessoas e situações. À medida que usamos de maneira positiva nossas palavras, expandimos esse chacra. Uma forma de contribuir naturalmente com o que há a nossa volta é abençoar. Por exemplo, você pode dizer várias vezes por dia: Deus, abençoe este lugar, situação, pessoa.

Mantras, orações, música gospel também ajudam a energizar o quinto chacra, assim como palavras afetuosas. Porém, não apenas o que é dito, mas também a maneira como nos expressamos afetam, igualmente, o bom funcionamento desse chacra, como a doçura, o tom das palavras, harmonizando com quem escuta.

Bloqueios nesse chacra relacionam-se com palavras não expressadas, talentos não usados e ideias não defendidas. Quando enfraquecido, é utilizado para atacar pessoas, inibindo, manipulando ou ofendendo.

Falar demais, mentiras, ofensas, gritos, maledicência, intromissão na vida alheia, promessas não cumpridas enfraquecem o poder criativo, porque bloqueiam o quinto chacra.

Você consegue perceber se esse chacra está forte ou fraco em alguém pelos resultados de quem se expressa, gerando ou não autoridade, seja no trabalho, seja na vida pessoal.

Há um texto que representa bem o quinto chacra:

As três peneiras de Sócrates

Um homem foi ao encontro de Sócrates levando ao filósofo uma informação que julgava de seu interesse:

– Quero contar-te uma coisa a respeito de um amigo teu!

– Espera um momento – disse Sócrates. – Antes de me contar, quero saber se fizeste passar essa informação pelas três peneiras.

– Três peneiras? Que queres dizer?

– Vamos peneirar aquilo que quer me dizer. Devemos sempre usar as três peneiras. Se não as conheces, presta bem atenção. A primeira é a peneira da VERDADE. Tens certeza de que isso que queres dizer-me é verdade?

– Bem, foi o que ouvi outros contarem. Não sei exatamente se é verdade.

– A segunda peneira é a da BONDADE. Com certeza, deves ter passado a informação pela peneira da bondade. Ou não?

Envergonhado, o homem respondeu:

– Devo confessar que não.

– A terceira peneira é a da UTILIDADE. Pensaste bem se é útil o que vieste falar a respeito do meu amigo?

– Útil? Na verdade, não.

– Então – disse-lhe o sábio –, se o que queres contar-me não é verdadeiro, nem bom, nem útil, é melhor que o guardes apenas para ti.

Outra reflexão importante sobre o quinto chacra é a honestidade no que concerne à expressão do sim e do não. Ou seja, dizer sim quando se quer dizer sim; dizer não quando se quer dizer não. Quantas vezes na vida nossa mente grita não, e com medo de não ser aceito nem aprovado dizemos sim, depois nos arrependemos.

Quantas vezes queremos algo, mas negamos, porque não é valioso aos olhos dos outros.

Atitudes como essas negam nossa maior expressão e bloqueiam a força criativa que trazemos em nossa essência. As palavras perdem seu valor quando são ditas sem equivaler à verdade. A maior mentira não é a que contamos para os outros, mas as que contamos para nós mesmos.

Áreas afetadas pelo mau funcionamento desse chacra: garganta, tireoide, laringe, cordas vocais, dores musculares, dor de cabeça, resfriados, infecções virais e bacterianas, problemas dentários e nos maxilares, fracasso nos projetos.

Chacra Frontal – 6º Chacra

Nome em sânscrito: AJÑA ("o centro de comando").

Localização: Testa, entre as sobrancelhas.

Cor: Índigo.

Elemento: Todos os elementos.

Funções: Revitalizar o sistema nervoso e a visão.

Aspectos positivos:

- Concentração;
- Devoção;
- Intuição;
- Imaginação;
- Realização da alma;
- Sabedoria;
- Clareza de pensamentos;
- Disposição para aprender;
- Relacionamentos construtivos;
- Visão positiva da vida;
- Bênção;
- Manifestação;
- Desenvolvimento;
- Benevolência.

Manifestações negativas:

- Cansaço;
- Compulsões;

- Medo;
- Pesadelos;
- Tensão;
- Falta de expressão;
- Desânimo;
- Apatia;
- Ignorância;
- Confusão;
- Conflitos;
- Insônia.

Conhecido como "terceiro olho" na tradição hinduísta, o chacra frontal está relacionado à capacidade intuitiva e à percepção sutil. Enfraquecido, aponta para certo primitivismo, alguém incapaz de pensar além do que se vê com os olhos físicos.

Quando esse chacra está pleno, conseguimos economizar tempo, energia, dinheiro e sofrimento, porque ele, em bom funcionamento, nos ajuda a fazer escolhas melhores, nos afasta dos perigos e indica caminhos mais positivos. Naturalmente nos afastamos de problemas desnecessários quando conseguimos intuir o que está além do visível. Aliás, normalmente o que nos atrapalha não é o que conseguimos ver, mas o que não conseguimos enxergar com os olhos físicos. Por exemplo, as intenções das pessoas, os sentimentos que estão por trás de cada situação e, por isso, somos manipulados.

Despertar a sabedoria é a grande vitória desse chacra. Com sabedoria, uma das virtudes mais importantes para se desenvolver na vida, conseguimos perceber a manipulação que existe em praticamente tudo: política, sociedade, religião, escola... Olhar a vida e fazer escolhas baseadas nas leis do espírito contradizem quase tudo o que escutamos desde a infância.

Para o espírito, o desenvolvimento das virtudes é o mais importante e não o objetivo em si. Por exemplo, quando precisamos lutar contra uma vida material escassa, para nossa parte humana, o que interessa é suprir as necessidades e buscar mais conforto; mas para o espírito, o que importa é o que você conquista enquanto procura satisfazer suas necessidades.

Entende que, para o espírito, o aprendizado em cada situação é o que realmente importa?

Então, se a pessoa se acomoda na situação frustrante em que se encontra, ela deixa de desenvolver o que é importante para sua evolução espiritual. E inversamente, o indivíduo acomodado com a falta acredita que é mais espiritualizada por não correr atrás da sua melhoria, afirmando não se importar com as coisas do mundo.

O mundo existe para que nosso espírito evolua por meio da experiência humana.

O espírito sempre buscará uma forma de mostrar o que precisamos desenvolver. Acomodar-nos em uma situação de doença, miséria, abuso emocional, insatisfação profissional é algo contraditório à nossa evolução, porque a insatisfação vem do espírito, para que se busque uma melhor maneira de viver e de ser.

Exatamente para isso estamos aqui, para desenvolver nosso potencial.

Sempre que necessitamos curar algo em nossas vidas, virtudes são acionadas nessa busca. Precisamos desenvolver mais conhecimento, mais amor-próprio, mais inteligência, mais disciplina, mais foco, mais paciência... E quando, enfim, conseguimos atingir um objetivo, além de nossa parte humana sentir a melhoria na própria vida, ela se desenvolveu como espírito também.

Uma pessoa nasce em uma condição abusiva, e seu espírito tem uma intenção de desenvolver sua força pessoal. Se ela se acomodar nessa situação, ficará cada vez mais insatisfeita, até adoecer. A luta pela libertação de qualquer situação negativa que a vida apresenta é uma condição que o espírito mostra no momento para que a gente possa desenvolver algo importante. Assim, nosso espírito irá apresentar sucessivamente outra situação negativa, e mais outra, até que o indivíduo possa desenvolver plenamente.

Esta é a grande motivação espiritual: criar situações para serem superadas e haver o desenvolvimento durante sua existência na Terra. Então, da próxima vez que você tiver de enfrentar um desafio, como se curar de algo, em vez de reclamar, pergunte ao seu espírito: o que preciso desenvolver para curar essa situação?

Sair de uma situação de necessidade financeira para a riqueza não tem relação com o dinheiro em si, mas com as virtudes envolvidas nesse processo, como: a criatividade, o esforço pessoal, o discernimento, a ação efetiva, a disciplina, o conhecimento, o controle financeiro, enfim, virtudes que somadas umas às outras conquistam uma habilidade, que é se tornar rico. E dentro da riqueza, outras virtudes são colocadas à prova também, como se libertar de comportamentos nocivos para o espírito da ganância, da exploração, da vaidade excessiva, do egoísmo, do medo, da culpa, entre outros.

Assim, todas as situações trazem curas e libertações. E todas envolvem comportamentos e virtudes, seja no processo, seja na realização.

Áreas físicas afetadas pelo mau funcionamento desse chacra: sistema nervoso central, olhos, ouvidos, nariz, insônia, enxaquecas, alergias, falta de raciocínio lógico, vícios, compulsões.

Chacra Coronário – 7º Chacra

Nome em sânscrito: SAHASRARA ("O Lótus das Mil Pétalas").

Localização: Topo da cabeça, bem no centro.

Cores: Violeta e branco.

Elemento: Todos os elementos.

Funções: Revitalizar o cérebro.

Aspectos positivos:

- Percepção além do tempo e do espaço;
- Consciência desperta;
- Amorosidade;
- Compaixão;
- Verdade;
- Proteção;
- Orientação;
- Ligação com o Eu Superior;
- Luz;
- Espiritualidade equilibrada;
- Boas escolhas;
- Boas companhias.

Manifestações negativas:

- Alienação;
- Confusão;

- Falta de inspiração;
- Vulnerabilidade;
- Vingança;
- Distúrbios de comportamento;
- Mentira;
- Ligação com entidades baixas;
- Desorientação;
- Más escolhas;
- Más companhias;
- Ilusão.

O sétimo chacra é o mais importante entre todos e relaciona-se com o padrão energético total da pessoa. Por meio do chacra coronário, recebemos a luz divina. Uma pessoa com o sétimo chacra desenvolvido expande a própria espiritualidade em sua vida, em seu ser. Logo, desperta a Consciência Física, que é o espírito agindo na Terra.

Quando o ser humano tem esse chacra funcionando mal, ele dificilmente terá princípios elevados e estará sempre suscetível à interferência negativa do plano astral. Sente-se desprotegido e inseguro, em virtude das infrações das Leis Universais que acabam gerando os maus comportamentos.

Maus comportamentos são aqueles que são contrários à evolução, os que destroem, prejudicam, perturbam, adoecem e que nos distanciam do amor.

Na verdade, tudo o que não vibra no amor, em algum momento, irá nos adoecer, seja no corpo, seja na alma.

O desenvolvimento do sétimo chacra não está associado à religiosidade, mas sim à espiritualidade. Uma vida mais espiritualizada diz respeito a uma existência baseada na busca constante em conquistar as virtudes. Elas são comportamentos que não dependem exatamente do contexto para se expressarem. Por exemplo, pessoas inteligentes não expressam a inteligência apenas em uma sala de aula, mas também em qualquer momento que a inteligência for requisitada, assim como a disciplina, a bondade, a paciência, a coragem, o altruísmo ou qualquer outra virtude.

Temos infinitas virtudes para desenvolver e a vida nos mostra quais estão sendo requisitadas no momento. Em algum instante, para desenvolver algo em nós, nos vemos em uma situação em que melhorar nossa atitude nos ajudará a superar um problema. Assim, com esforço e coragem para superar nossos limites, avançamos em um caminho mais virtuoso.

Assim como no sexto chacra, isso se aplica aqui sobre como nos espiritualizarmos por meio da superação dos nossos desafios.

Todas as melhorias em cada um dos sete chacras manifestam-se nesse chacra em forma de luz.

Se nos tornarmos mais construtivos, ágeis, isso irá melhorar as condições do primeiro chacra, igualmente, irá se manifestar também no sétimo, como virtudes de agilidade e prosperidade.

Se nos cuidarmos melhor, selecionando os comportamentos mais adequados, os melhores pensamentos, sentimentos também irão refletir no sétimo chacra, como as virtudes de amor-próprio, de autorrespeito...

Assim como nosso poder pessoal do terceiro chacra; a amorosidade do quarto; a expressão honesta do quinto chacra; a intuição e sabedoria do sexto chacra, tudo isso irá refletir em nossa aura junto ao sétimo chacra, com as respectivas virtudes.

Áreas físicas afetadas pelo mau funcionamento desse chacra: todos os sentidos, disfunções sensoriais, neuroses, enxaqueca, histeria, problemas psiquiátricos, alucinações.

O Reiki em Conjunto com Outras Terapias

Existem inúmeras terapias holísticas que funcionam muito bem e que são muito bem-vindas associadas ao Reiki: Ho'oponopono, Radiestesia, EFT, Cromoterapia, Aromaterapia, Musicoterapia, Plantas Medicinais, Shiatsu, Acupuntura...

O Reiki pode ser conciliado com quaisquer terapias holísticas e medicina tradicional, porque se completam.

Eu sempre usei apenas o Reiki em meus atendimentos e cursos, principalmente porque os resultados sempre são muito especiais, e fico encantada em ver a atuação dessa energia.

Portanto, sessões de Reiki são eficientes, se for usado apenas o Reiki como terapia, embora não tenha contraindicação em associar nenhuma outra.

A intenção em uma terapia holística é deixar o cliente bem. Muitas vezes, o equilíbrio que a pessoa procura é a esperança de uma vida melhor. Ela não quer mentiras, quer apenas que você faça o melhor que sabe, independentemente do método ou da técnica que utilize.

Gosto muito de trabalhar em meus cursos o autoconhecimento, a auto-observação e o despertar da força pessoal, para que cada um possa alterar sua própria vida. Também acredito que é importante o foco e a clareza dos pensamentos, a disciplina e a constância são ingredientes mais do que necessários para quem busca a realização pessoal.

Quando conseguimos promover mudanças na nossa vida nos tornamos mais fortes, mais confiantes e mais felizes. Cada conquista que obtemos altera todo o restante, inclusive modifica também o mundo que nos cerca.

Há um conselho que define bem o que proponho aos meus alunos, futuros Reikianos: quando um estudante almeja ser aprovado em uma universidade, ele se prepara, estuda e, ao entrar, torna-se parte daquela instituição. Milhares de educandos fazem isso todos os anos e se orgulham de estudar nesta ou naquela universidade. Porém, o aluno poderá se destacar ou não. Isso vai depender da sua dedicação, disciplina e boa vontade.

O mesmo acontece com o Reiki. Todos nós podemos nos tornar Reikianos. Para isso, procuramos um mestre Reiki, fazemos os cursos, aprendemos algumas técnicas e somos iniciados.

Pronto, nós nos tornamos um canal de Reiki. A questão é: que tipo de canal nos tornamos? Não estou afirmando que existem melhores ou piores canais, mas sim que há canais bem tratados, limpos e treinados. O autocuidado é diário, com nossa alimentação, nossos pensamentos, sentimentos, nossas palavras e atitudes. Tudo isso gera uma vibração e somos o resultado dela.

Quanto mais autocuidado, mais o Reikiano será capaz de canalizar essa energia cósmica isenta de interferências.

Muita gente diz por aí que Reiki equilibra, harmoniza e... só.

Não! Reiki é muito, muito mais do que isso. Além de equilibrar e harmonizar, ele nos fortalece e auxilia na expansão da consciência. A energia do Reiki eleva nossa vibração. Mas, para que isso aconteça, deve haver disciplina e dedicação, tanto por parte de quem recebe quanto por parte de quem envia.

Precisamos cuidar bem do nosso corpo e de nossas emoções, alimentando nossa mente com bons pensamentos e nos conectando com a espiritualidade. Bons canais reikianos vigiam suas emoções, tratam seus medos e raivas, não só para que a energia flua melhor, mas também para garantir a integridade energética. Um bom canal sabe que é um agente de harmonização e restabelecimento de equilíbrio, e precisa estar bem.

Senhores Reikianos, por favor, lembrem-se do que vocês adquiriram: suas mãos estão a serviço da cura. Mexam-se. Por que tanta resistência? Está na hora de reconhecermos o Reiki como o instrumento valioso que ele é.

Reiki e Meditação

A meditação é uma excelente aliada para a autoaplicação. Durante a prática, coloque os símbolos nas mãos, aplicando-se Reiki enquanto medita. Assim, você terá os benefícios da meditação juntamente aos benefícios do Reiki.

Há uma forma especial de meditar com o Reiki. Sente-se confortavelmente, feche os olhos e visualize o símbolo 4, *Dai Koo Myo*, na cor branca, invadindo todo o seu corpo, descendo pelo chacra coronário, passando por todos os chacras, iluminando seu corpo. Esse símbolo possui força capaz de iluminar e abençoar.

Se preferir, pode visualizar todos eles, curando suas fraquezas e seus desequilíbrios. Você pode focar os símbolos em algum lugar específico ou deixar que eles trabalhem livremente em você. Quanto mais você estiver centrado, muito mais resultados positivos terá.

Mas lembre-se: fazer uso dos símbolos sem as devidas iniciações não tem efeito. É preciso ter os símbolos em si mesmo.

Reiki e Medicina Tradicional

Por melhores resultados que eu tenha presenciado com os tratamentos do Reiki, nunca, em hipótese alguma, pude descartar o valor da medicina tradicional.

Não se justifica ignorar os resultados das cirurgias, dos tratamentos e dos medicamentos que ela nos oferece. Seria um absurdo não reconhecer todos os benefícios que temos com a medicina tradicional.

Como o Reiki é uma terapia complementar, a convivência pode ser harmônica e benéfica. No Brasil, o reconhecimento do Reiki como terapia ocorreu em 2017, quando ele foi inserido oficialmente na Política Nacional de Práticas Integrativas e Complementares (PNPIC) e no Sistema Único de Saúde (SUS), permitindo que mais pessoas pudessem usufruir dos benefícios dessa terapia.

A medicina tradicional ajuda com os sintomas da doença. Doença é um conjunto de atitudes nocivas, que vêm da genética, do ambiente, dos pensamentos, das emoções, dos traumas, da alimentação, do sedentarismo, entre outras maneiras negativas de ser e agir. Muitas pessoas acreditam que a medicina irá proporcionar a saúde permanente e que não precisam de mudanças de seus próprios hábitos para ter saúde.

O que nos leva a ter saúde são nossos hábitos, nossa conduta, nossa capacidade de nos manter equilibrados emocionalmente, nossa alimentação, nossos exercícios físicos, além de inúmeras outras atitudes que colaboram para um corpo físico mais saudável.

Várias pessoas procuram nos consultórios aquilo que deveriam procurar no cotidiano. Não vamos encontrar soluções para evitar ou curar as doenças apenas com medicamentos, procedimentos cirúrgicos. Isso é uma ilusão. Quando a enfermidade se manifesta no corpo físico, muitos desequilíbrios ocorreram em outros níveis, para que o corpo, antes saudável, agora se mostre doente.

Barbara Ann Brennan, em seu livro *Mãos de Luz*,[3] enfatiza algo muito interessante: "Toda doença é uma mensagem direta dirigida a você, dizendo-lhe que não tem amado quem você é nem se tratado com carinho, a fim de ser quem você é".

Enquanto nós não assumirmos a responsabilidade por nossa conduta e compreender que a saúde é o estado natural de uma vida consciente, iremos cada vez mais perder a vitalidade.

Remédios não dão vitalidade, auxiliam na cura do efeito, da consequência em questão e não da origem do problema.

Cirurgias não retiram sentimentos e emoções negativas; cirurgias corrigem problemas físicos.

Médicos não desbloqueiam traumas, eles avaliam as consequências desses traumas instalados no corpo físico e medicam de acordo com as necessidades do paciente, para ter mais conforto físico e emocional.

---

3. BRENNAN, Barbara Ann. *Mãos de Luz*: um Guia para a Cura através do Campo de Energia Humano. São Paulo: Pensamento, 2017.

É você quem deve cuidar das suas emoções. É você quem deve se preocupar com sua saúde, com o pleno funcionamento do seu organismo. Ninguém é responsável pelas crenças que você acumulou até o momento. Você pode escolher fazer diferente; pode escolher ser melhor todos os dias; pode escolher cuidar do seu corpo, das suas emoções, e com essa dedicação terá mais saúde e disposição.

Um corpo bem-disposto colabora muito para uma vida melhor. Por que as pessoas invertem os valores? Pensam em prazer nocivo, compensando suas frustrações com compulsões e vícios, descartando o valor da saúde. O prazer saudável caminha junto à saúde, porque se não formos saudáveis, usaremos nossa reserva de energia vital para nos reequilibrarmos.

Precisamos desenvolver melhores hábitos. Hábitos de exercitar o corpo físico e a mente.

Uma boa leitura é um excelente auxiliar na saúde, pois melhora o condicionamento do nosso cérebro. O hábito da leitura tem sido muito falado nos últimos tempos, e com apenas 20 minutos diários, já traz grandes benefícios para o leitor. A leitura, além de trabalhar nosso cérebro, também enriquece nossas vidas, expande nosso olhar. Não poderemos em uma vida ter experiências suficientes que nos ensinem muita coisa. Bons livros trazem conceitos e visões que nutrem nossa mente.

Entre tantos outros hábitos saudáveis, como uma alimentação melhor, meditação, exercícios físicos constantes, leitura, sono, hidratação, o mais importante de todos é a busca constante em ser melhor a cada dia.

Não conseguimos ser melhor em tudo de uma só vez. Mas podemos focar uma melhoria específica em uma área de nossa vida, depois outra, e ir aos poucos acumulando hábitos e melhorias em todos os aspectos.

No livro *Hábitos Atômicos*, de James Clear,[4] o autor afirma que se você melhorar um por cento por dia, ao final de um ano, terá melhorado em 37 vezes. A melhoria acontece de maneira exponencial. Não são grandes coisas feitas em pequeno intervalo de tempo que farão tanta diferença, mas a constância, a vontade e a disposição em fazer o que deve ser feito, um pouco melhor todos os dias, irão trazer grandes mudanças.

Sem forças, sem energia o suficiente, como podemos realizar algo bom em nossas vidas? Nosso corpo é um instrumento para evoluir nosso espírito, e somos responsáveis por cuidar dele para que funcione o melhor que puder.

O Reiki auxilia nessa perda de energia vital, para ter forças para recomeçar. Por isso sempre afirmo que ele é a compaixão de Deus por nós. Mesmo que tenhamos feito tanta coisa contrária à saúde, perdendo energia vital, ainda há uma chance. Ainda dá para recomeçar, reaprendendo a viver. Vendo uma foto minha antes de conhecer o Reiki, pareço muito mais velha do que hoje, quase 30 anos depois. O Reiki regenera, restaura, equilibra e nos devolve o vigor.

Mais uma vez digo que o Reiki é uma terapia complementar à medicina. Enquanto uma socorre, aliviando e restaurando, a outra supre o desfalque energético sobre o corpo físico e equilibra as emoções que geraram o problema.

Além dos benefícios conhecidos sobre o Reiki, como a diminuição do estresse, do medo, bem como a harmonização dos chacras, o Reiki pode despertar a consciência física, que é o espírito se manifestando por intermédio do corpo. Não há nada que seja tão importante quanto estar consciente de que somos um espírito evoluindo na carne.

---

4. CLEAR, James. *Hábitos Atômicos*: um Método Fácil e Comprovado de Criar Bons Hábitos e se Livrar dos Maus. Rio de Janeiro: Alta Life, 2019.

Esse despertar da consciência é, na verdade, o objetivo que busco em minhas atividades com o Reiki.

Esse despertar por si só já evitaria muito sofrimento, muitas doenças e agonia. Eu teria que escrever um livro só para contar os casos que pude verificar no meu trabalho com a terapia Reiki. Mas posso contar sobre o resultado de alguns resumidamente.

Separei um depoimento que gostaria de compartilhar neste livro:

No início de 2005, comecei a sentir dores no punho esquerdo. Como elas persistiam, procurei ajuda na medicina convencional. Suspeitou-se de tudo, até de uma síndrome rara que desgasta os ossos. Foram várias imobilizações e muitos anti-inflamatórios ingeridos.

Somente após uma ressonância magnética o problema foi finalmente diagnosticado, concluindo que se tratava de um cisto que pressionava os 11 ossinhos que temos no pulso e, em razão dessa pressão, a dor era intensa.

A indicação seria cirúrgica, entretanto arriscada, pois se corria o risco de causar alguma lesão nos nervos, podendo inclusive prejudicar os movimentos.

A recomendação médica, então, foi para continuar tomando os analgésicos e anti-inflamatórios quando a inflamação piorasse.

Após mais de um ano de muitas dores, durante um tratamento com radiestesia, o terapeuta sugeriu que experimentasse o Reiki, que talvez fosse uma saída para tal desconforto, e me indicou a terapeuta Inês Telma.

O meu primeiro contato com o Reiki foi no início de 2006.

No início, foram feitas sessões diárias e a dor foi diminuindo, diminuindo... Até desaparecer por completo.

Não me lembro exatamente de quanto tempo levou, mas foram alguns meses.

Um dado curioso, que vale a pena destacar: tinha uma cicatriz no dorso da mão, que me acompanhava desde a infância, que praticamente sumiu. Até as manchinhas marrons típicas de sol clarearam tanto que fiquei com a mão esquerda muito mais jovem que a direita.

Incorporei o Reiki à minha vida, e hoje faço curso para entender melhor e me tornar uma multiplicadora dessa técnica maravilhosa.

(Valéria Ap. Sedano Onofri)

Outros casos poderiam ser citados como exemplos do efeito restaurador do Reiki: ocorrências de cistite crônica, de intestino preguiçoso, herpes zoster, enxaqueca. E quero destacar também a atuação do Reiki no corpo emocional, de pessoas que me procuram porque se sentem muito angustiadas, desequilibradas e, principalmente, extremamente cansadas.

A exaustão deve ser verificada com seu médico, porque pode sinalizar a falta de algumas vitaminas essenciais, além dos hábitos nocivos em relação ao excesso de trabalho, insônia, má alimentação... Em todo caso, o Reiki irá ajudar no processo de recuperação mais rápido de energia vital.

Reiki e Câncer

Eu pude vivenciar a diferença entre pessoas que enfrentaram o câncer com Reiki e sem Reiki. Graças a Deus, os hospitais estão cada vez mais abertos para os Reikianos atuarem em grupos, levando o Reiki para os pacientes.

Segundo a medicina tradicional, câncer é a proliferação descontrolada de células anormais do organismo. As células normais vivem, dividem-se e morrem de forma controlada. As células cancerígenas não obedecem a esses controles e se dividem de maneira descontrolada.

Vários são os fatores de risco, desde emoções negativas acumuladas até maus hábitos para o corpo físico. Hábitos saudáveis estão diretamente ligados à saúde física, assim como os pensamentos e as emoções. Com tantos anos de estudo sobre o assunto, ainda não cheguei à conclusão de quais fatores influenciam mais para o corpo adoecer, se são as atitudes físicas, mentais, emocionais ou espirituais. Então, como o Reiki atua em todos esses níveis, ele é de grande ajuda, além de ser uma esperança para lidar com essa doença.

A quimioterapia e a radioterapia trazem benefícios, mas debilitam o corpo energeticamente. A pessoa fica com o estômago enjoado, sente-se fraca, desanimada, emagrece, perde o que tem de mais valioso, que é a própria energia vital. Mas é um tratamento importante na cura. Então, o Reiki auxilia na restauração dessa perda de energia vital. Com isso, a pessoa consegue superar melhor os efeitos colaterais do tratamento da medicina tradicional, conseguindo se recuperar mais rápido.

Esse período tão difícil torna-se menos sofrido e os desconfortos são amenizados. Essa é a maior contribuição que o Reiki pode proporcionar, além de colaborar para o equilíbrio emocional de quem passa por essa experiência tão dolorosa.

Reiki e Alimentação

Somos constituídos de células em constante renovação, e elas são alimentadas e constituídas a partir do que colocamos em nosso organismo. Nossas células se reproduzem o tempo inteiro e, se não as alimentamos devidamente, as reproduções são desastrosas. Por isso adoecemos, pelas más células que se reproduzem em nós.

James Redfield, em seu livro *O Segredo de Shambala*,[5] explica muito bem que os fenômenos que acontecem no corpo físico são causados pela má alimentação. Segundo o autor, certos alimentos provocam intoxicação, baixam nossa vibração energética e comprometem nossa elevação espiritual. Todavia, somos intuídos em um certo momento do nosso caminho espiritual a deixar para trás

5. REDFIELD, James. *O Segredo de Shambhala*. São Paulo: Fontanar, 2009.

alimentos de origem animal, processados, açúcar, bebidas alcoólicas, refrigerantes. Esses produtos acidificam nosso corpo e essa acidez cria um ambiente de lenta decomposição, proporcionando um campo perfeito para doenças.

Quem quer manter ou recuperar a saúde precisa rever seus conceitos sobre alimentação.

A mídia, a sociedade, o comércio, a família, a escola, os amigos colaboram para que nossa alimentação não seja saudável. Mas todos nós somos responsáveis pelas escolhas que fazemos. Com uma boa dose de determinação, podemos evitar o que nos faz mal e optar por alimentos mais naturais.

Há ilusão nas embalagens coloridas, rotulando o que é saudável, o que é nutritivo. Alimentos nutritivos e saudáveis normalmente não têm rótulos, porque não estão em uma caixinha de supermercado, com prazo de validade. Comida de verdade estraga em poucos dias, pois não tem conservantes, nem aquelas minúsculas letras que descrevem o que nem desconfiamos que seja.

Uma das formas de iniciar uma mudança na nossa alimentação é simples: pare de comprar comida pronta, comece a preparar sua própria comida. Faça suas refeições de maneira mais frugal, mais natural. Coma mais salada, frutas, legumes, vegetais e grãos. Invente novas maneiras de se alimentar, invente bolos diferentes, saladas diferentes. Use a criatividade para substituir alguns itens na sua cozinha. O corpo agradece.

É difícil resistir quando estamos reunidos com a família e todos estão consumindo tudo aquilo que queremos deixar para trás. Tente. Vá em frente, leve sua comida, leve mais para que os outros possam provar. Seja inovador, seja criativo, seja corajoso. Enfrente as críticas de cabeça erguida, deixe que brinquem. Continue, persista, aos poucos outras pessoas irão aderir a suas ideias e, melhor ainda, você será atraído para lugares que tenham indivíduos que compartilhem das mesmas atitudes.

Tudo isso aconteceu comigo e acontece até hoje, mas mantenho o foco. Por mais que as brincadeiras aconteçam em torno da minha alimentação, eu me pergunto: por que fazer a coisa certa desperta tanto espanto nas pessoas? O contrário, sim, deveria despertar espanto, como ver uma pessoa tomando refrigerante com um lanche gorduroso, porque o corpo terá que se virar do avesso para driblar tanto açúcar e tanta gordura.

A má alimentação consome nossa vitalidade e compromete não só a saúde física, mas também a produtividade e o humor, pois estão diretamente ligados ao que ingerimos. Mau humor, raiva, estresse, medos, ódios profundos, mágoas têm uma duração muito maior quando se consomem carnes, por exemplo. É um alimento que energeticamente gera o que está nele, quando o animal é abatido. É o consumo sólido dessas vibrações. Uma das razões por que isso acontece é que nosso intestino é um laboratório de emoções e elas ficam registradas. Quanto mais limpo o intestino, melhor esse campo de emoções; quanto mais sujo, mais conservamos memórias negativas.

Excluir alguns alimentos no dia a dia é fundamental para quem quer se tornar um canal eficiente. Isso descobri na prática, com os resultados que obtive nos meus tratamentos energéticos. Johnny De´Carli, em seu livro *Reiki Universal*,[6] faz citações sobre o Reikiano e o consumo de carne, e o quanto vibracionalmente ficamos afetados.

Não espero que após ler este capítulo você mude radicalmente, mas que ao menos repense sua alimentação. Você não precisa comer tudo de que gosta, como uma criança que não tem noção do que faz bem ou mal. Respeite seu corpo, cui-

6. DE'CARLI, Johnny. *Reiki Universal*. São Paulo: Butterfly, 2014.

de melhor da sua alimentação, com responsabilidade, e estará cuidando de sua energia.

Reiki e Exercícios Físicos

A prática de exercícios físicos ajuda nos tratamentos de Reiki. Leve, moderada ou intensa, qualquer atividade física contribui para melhorias em nossos corpos físico, emocional e mental, porque mantém o corpo acordado, sentindo-se vivo. O sedentarismo adormece as funções do corpo, e deixamos de reagir e de combater os invasores nocivos à saúde. Siga as orientações de seu médico na escolha dos exercícios que não irão prejudicá-lo.

Minha experiência sobre canalizadores de energia, seja por meio de alguma terapia holística, seja pela religião, é que sempre haverá um pouco de energia que fica para o canal. E esse pouco que fica, diariamente, acaba se tornando uma quantia energética grande. Se não for gasta, deixará o corpo mais lento em vez de mais rápido. O exercício físico, além de acelerar o metabolismo, irá equilibrar a energia. Ficaremos com a parte da energia que nos cabe, que precisamos naquele momento. O restante será gasto na prática dos exercícios.

As pessoas que trabalham com energia devem se exercitar. Isso tem me ajudado muito. Quando você quer movimentar sua energia, movimente seu corpo. Se quiser aquietar sua energia, aquiete-se.

Segundo artigo de Eduardo Szklar, exercícios constantes e consumo de verduras alteram nosso DNA.[7]

Já a cientista sueca Juleen Zierath diz que a atividade física é capaz de mexer com o DNA dos músculos[8] porque, quando nos exercitamos, entram em ação enzimas que alteram o funcionamento dos genes dos músculos. Essas enzimas reprogramam o tecido para que ele queime gordura e açúcar de forma mais eficiente. Muito mais do que a genética, a alimentação à base de vegetais e exercícios físicos constantes podem mudar nossa realidade física.

Inclua no seu dia uma dose extra de alongamentos, exercícios de força e caminhadas. Não fique estagnado, movimente-se, porque tudo na vida é movimento. Assim como um aparelho doméstico e automóveis, nosso corpo, se para de funcionar, danifica-se.

Reiki e Crianças

Eu já tive muitas alegrias em relação ao Reiki com as crianças. Elas recebem essa energia com uma facilidade in-

7. Fonte: <https://super.abril.com.br/saude/comer-verduras-e-fazer-exercicio-altera-o-seu-dna>.
8. Fonte: <https://genetica.hupes.ufba.br/node/81>.

crível. Entre muitos casos bem-sucedidos, irei compartilhar alguns com vocês. Essa lembrança é muito viva em minha memória.

Um dia, minha sobrinha me procurou para ajudar sua filha, Anna Leticia, de cinco anos, que estava tendo vários problemas com o intestino e sempre ficava constipada, mesmo comendo frutas e alimentos saudáveis. Ela chegou a fazer algumas lavagens intestinais no hospital, pois ficava até uma semana sem evacuar. Já tinha tentado vários métodos sem sucesso. Um dos médicos disse que seria cirúrgico, pois o problema provavelmente seria um músculo que antecede a saída das fezes. Foi quando começamos o tratamento de Reiki a distância, pois ela morava em Brasília/DF. Em pouco tempo, Anna Leticia voltou a ter uma vida normal.

Outro caso muito interessante foi da Bianca, cujo depoimento da mãe segue:

O Reiki entrou em nossas vidas por meio da minha tia que conhecia e já fazia terapia Reiki.

Minha filha, desde seu nascimento, tinha dificuldades para dormir e nós não achávamos a causa. Quando bebê não era dor de barriga, nem de ouvido ou qualquer outro tipo de dor, muito menos fome, pois todas essas tentativas de solução eram em vão.

Com um ano e dois meses teve uma convulsão, mas estava apenas febril (37,5º). Estava com ela na casa dos meus tios, perto da Maternidade Sinhá Junqueira. Corremos com ela para lá, que recebeu pronto atendimento e foi transferida para o Hospital Santa Lydia, por ser um local especializado em bebês. Passou uma noite no CTI. No dia seguinte, fui até o hospital para vê-la. O médico disse que ela ia ser transferida para o quarto e permanecer mais uma noite para observação. Pedi a um neurologista que conhecia, Dr. Arruda, para examiná-la. Ele me disse que ela estava bem e que quando saísse do hospital deveria levá-la ao consultório para fazer um encefalograma e verificar a causa da convulsão. Assim foi feito, mas não tinha nada com ela, fez acompanhamento durante um tempo e recebeu alta, por não apresentar mais nenhum sintoma que merecesse continuar o acompanhamento.

Passados 15 dias deste episódio, ela teve uma crise alérgica muito forte e, como era no final de semana, levei-a até a emergência. O pediatra que fez o atendimento disse para mim "na lata" se eu sabia que ela tinha um problema de coração. Nesse momento, quase tive um problema no coração.

No início da semana, levei-a a uma cardiologista, que a examinou, fez exames e constatou que ela tinha um "sopro" inocente. Deveria fazer um acompanhamento, mas sem restrições em sua vida, pois era um tipo de problema que sumiria com seu crescimento. E assim aconteceu.

Na semana seguinte, teve uma infecção intestinal, precisou ficar internada por dois dias para se recuperar.

Não foi uma fase nada fácil.

E suas noites continuavam complicadas. Ela acordava toda noite.

Teve uma crise alérgica muito forte, chegando à pneumonia. A pediatra não acertou em seu tratamento, receitando para ela antibiótico por 40 dias seguidos e eu, desnorteada, dei. Ela não melhorava de jeito nenhum. Estava ficando desesperada, então minha tia falou que sua chefe do trabalho era espírita, se eu não queria que ela desse um passe na Bianca. Disse que aceitaria qualquer coisa que fizesse minha filha melhorar, pois eu tinha a impressão de que ia perdê-la a qualquer momento.

Então, Bianca começou um tratamento espiritual com essa pessoa. Segundo o "guia" que vinha atender minha filha, um médico, ela estava sem nenhuma resistência, como se nunca tivesse tomado nenhuma vacina, tão debilitada era sua situação.

Foi melhorando, ficando mais forte, mas dormir a noite toda ainda não.

Todas as noites eu deitava com ela para fazê-la dormir. No meio da noite, Bianca acordava, me chamava e eu tinha que deitar com ela novamente para que conseguisse adormecer. E, muitas vezes, nem conseguia voltar para minha cama, porque ela agarrava na minha mão e, mesmo dormindo, não soltava por nada.

Bianca não conseguia dormir fora de casa em hipótese nenhuma. Quando conversava com ela sobre este assunto, não sabia explicar o que acontecia. Dizia que sentia uma coisa por dentro, que tinha medo, mas não sabia do quê. Era incontrolável. Isso foi até 11 anos de idade. E, detalhe, quando dormia era sempre com um abajur ligado.

Essa mesma tia, que nos levou a esse tratamento espiritual, me falou sobre o Reiki. Fui conversar com a Inês Telma. Ela me explicou como funcionava o Reiki, expliquei o que se passava com a Bianca e, assim, iniciou-se o tratamento.

Foi algo maravilhoso em nossas vidas, senão me falha a memória, em 21 dias ela passou a dormir a noite toda, inclusive sem abajur ligado.

O Reiki continua presente na vida da Bianca, tanto que ela já fez o curso de Reiki nível 1 e 2, e espera o momento mais adequado à sua rotina para fazer o nível 3.

Isso foi a coisa mais importante que o Reiki fez pela minha filha e, por tabela, por mim, pois não tem preço para uma mãe ver a vida de seu filho acertada.

O Reiki cuida da minha filha até hoje. Ela é uma menina muito sensível, muito emotiva. Então, precisa estar sempre procurando seu equilíbrio como um todo, emocional, físico e espiritual.

Ela confia muito no Reiki, pela pessoa da Telma. Continua em tratamento na Mesa Reikiana e, de vez em quando, prefere ir fazer uma sessão presencial.

Só tenho a agradecer a Inês Telma e ao Reiki em nossas vidas.

(Mara Regina da Silva)

Há muitas maneiras de ajudar as crianças a superarem seus medos, seus fantasmas, suas angústias. Eu particularmente me encanto com os resultados do Reiki nesses casos.

Reiki e Animais

A energia do Reiki nos animais tem uma eficácia muito grande pelo fato de eles não terem bloqueios mentais, facilitando, assim, a captação da energia.

Reiki em animais está crescendo a cada dia, sendo um grande aliado dos veterinários. Os animais acumulam em si emoções que fluem na casa em que moram, dos seus donos, de visitas indesejáveis...

Os animais são muito sensíveis a tudo o que os cercam.

Eles ficam mais relaxados, mais dóceis, mais serenos com o Reiki. Como pós-cirúrgico é fantástico, assim como em cicatrizações e traumas.

Eu tive inúmeras experiências com tratamentos de Reiki em animais. Uma delas foi com um papagaio que ninguém podia chegar perto. Ele tinha sido vítima de maus-tratos e não deixava ninguém tocá-lo. Gritava o dia inteiro e foi muito agressivo, por anos.

Um dia, visitando os primos do meu marido, conheci esse papagaio escandaloso. Eu, na época, já tinha experiência com outros animais e resolvi fazer alguma coisa para amenizar a situação. Foi impressionante a reação quase imediata do papagaio. Quando cheguei à minha casa, recebi um telefonema da sua dona me dizendo que ele não estava mais agressivo, que apresentava um comportamento normal, como antes de sofrer o trauma.

Os meus cachorros foram pegos na rua, em estados lastimáveis, tanto que escutei do veterinário que não iriam sobreviver.

Em épocas diferentes, todos eles vieram sem esperanças de vida, pelos maus-tratos. Com os tratamentos dos veterinários, mais a energia constante de Reiki que eu enviava, viveram por muitos anos, com saúde.

Três dos seis cachorros que tenho foram pegos na rua com a doença do carrapato em grau avançado, desidratados e desnutridos. Eles também estavam com problemas intestinais e extremamente abalados emocionalmente. Pacote completo! Todos eles ficaram completamente curados, superando todas as expectativas do veterinário responsável.

Uma delas, a Susy, logo depois de ficar bem e sobreviver à doença do carrapato, e superar toda a gravidade de desnutrição, depois de três meses de tratamento intensivo com o veterinário e muito Reiki, sofreu um acidente.

Ela saiu de casa na hora em que abrimos o portão para colocar o lixo e, como morávamos em uma casa de esquina, um táxi virou a rua e a atropelou.

A cabeça dela ficou com a marca do pneu, pois ela era muito clara. Fiquei apavorada, liguei para o veterinário e ele disse que poderia ser fatal. Não adiantaria fazer nada naquele momento e deveríamos aguardar um pouco. Só que, para nossa surpresa, nada aconteceu com essa batida. A conclusão a que cheguei naquele momento era de que ela estava tão suprida de energia, que a batida na cabeça não afetou seu corpo. Ela viveu depois disso mais 17 anos.

Na mesma época em que a Susy estava em tratamento, cuidei de uma paciente com problemas sérios no joelho esquerdo. Fizemos um tratamento intensivo também, muito Reiki por 21 dias.

A paciente se recuperou e algo parecido aconteceu com ela no mesmo período. Ela já estava bem e, em um domingo, sofreu um acidente, caindo da escada, batendo os dois joelhos no chão.

Quando ela me ligou contando o que havia acontecido, fiquei muito triste, porque imaginei que as dores dela voltariam. Para nossa surpresa, o joelho que havia recebido muito Reiki ficou inabalado, somente com a marca raspada na pele, pelo contato do chão, apenas o outro ficou realmente machucado.

Houve uma época em que os joelhos eram as estrelas dos meus atendimentos, de tantos clientes que atendi com problemas nessa parte do corpo. Problemas cirúrgicos, problemas não cirúrgicos, sem esperanças. E os resultados foram maravilhosos.

Ainda mantenho contato com alguns clientes, e as notícias que tenho é de que eles continuam firmes e fortes. Inclusive, um dos casos é de um atleta de salto e corrida, que teve sua carreira comprometida na época, mas que o Reiki pôde ajudá-lo a seguir em frente nos saltos.

Enfim, durante todos esses anos, com pacientes e alunos, presenciei fatos surpreendentes, que só confirmaram cada vez mais o quanto a energia do Reiki é poderosa. Em um mundo onde buscamos alívio para continuar nossas jornadas, o Reiki apareceu como um abraço de mãe, um conforto dos céus, um sopro de Deus.

Sou grata a Mikao Usui, que com sua perseverança em encontrar algo que realmente pudesse fazer a diferença na humanidade, redescobriu uma forma de canalizar a energia vital do Reiki.

O nosso corpo sofre não apenas com eventos traumáticos, tombos, atropelamentos, doenças, mas também existem inúmeras maneiras de machucar nosso corpo, principalmente, quando não desenvolvemos o amor-próprio, não cuidamos nem respeitamos as necessidades do nosso corpo e da nossa alma.

O autocuidado, a disciplina diária em realizar exercícios físicos, uma boa leitura, um sono tranquilo, uma alimentação saudável, os momentos de prazer são demonstrações diárias de amor-próprio.

Cuidar da nossa evolução espiritual também é uma demonstração desse amor. Evoluímos quando nos tornamos conscientes de nossas dores do passado e trabalhamos para superá-las.

Evoluímos quando cuidamos dos nossos pensamentos e não os deixamos soltos na inconsciência coletiva. Nesse mundo onde a mente está no comando, precisamos nos tornar senhores de nossas vidas.

Evoluímos quando conseguimos nos perdoar dos erros e dos enganos, quando conseguimos ver que aquela pessoa que errou não é a pessoa do presente. Ela não sabia o que sabe agora. E isso serve para todos.

Onde há sabedoria, não há erro. Onde há ignorância os fatos ficam distorcidos, e acertar se torna uma obra do acaso. Às vezes acertamos, às vezes erramos.

Buscar a sabedoria acima de tudo é o que nos leva a uma vida com mais acertos e ganhos.

Busque a sabedoria com toda sua força. Leia, estude, observe suas atitudes, observe as atitudes das pessoas, sem julgamento, apenas como aprendizado. Todos nós somos livros vivos. Todos nós, sem exceção, temos histórias e bastante aprendizado para compartilhar.

Nossos erros são degraus para a sabedoria. Mas não iremos conseguir subir experimentando todos os erros, por isso estamos em um grupo coletivo chamado Humanidade, para aprendermos uns com os outros, em busca de um novo jeito de ser.

Para finalizar, vou deixar aqui um poema que adoro, que fala muito sobre o novo ser:

PRECISA-SE

Isaac Liberman

Precisa-se de pessoas que tenham os pés na terra
e a cabeça nas estrelas.

Capazes de sonhar, sem medo dos sonhos.

Tão idealistas que transformem seus sonhos em metas.

Pessoas tão práticas que sejam capazes de transformar
suas metas em realidade.

Precisa-se de pessoas determinadas que nunca abram mão de
construir seus destinos e arquitetar suas vidas.

Que não temam mudanças e saibam tirar proveito delas.

Que tornem seu trabalho objeto de prazer e porção
substancial de realização pessoal.

Pessoas que percebam, na visão e na missão de suas vidas
profissionais, de suas dedicações humanistas em prol da hu-
manidade, um forte impulso para sua própria motivação.

Precisa-se de pessoas com dignidade, que se conduzam
com coerência em seus discursos, em seus atos,
suas crenças e seus valores.

Precisa-se de pessoas que questionem, não pela simples
contestação, mas pela necessidade íntima de só
aplicar as melhores ideias.

Pessoas que mostrem sua face de parceiros legais.

Sem se mostrarem superiores, nem inferiores, mas iguais.

Precisa-se de pessoas ávidas por aprender e que se orgulhem
de absorver o novo.

Pessoas de coragem para abrir caminhos, enfrentar
desafios, criar
soluções, correr riscos calculados. Sem medo de errar.

Precisa-se de pessoas que construam suas equipes e
se integrem nelas.

Que não tomem para si o poder, mas saibam compartilhá-lo.

Pessoas que não se empolguem com seu próprio brilho, mas
com o brilho do resultado alcançado em conjunto.

Precisa-se de pessoas que enxerguem as árvores, mas também
prestem atenção nas magias das florestas.

Que tenham percepção do todo e da parte.

Serem humanos justos que inspirem confiança e demonstrem
confiança nos parceiros. Estimulando-os, energizando-os,
sem receio que lhe façam sombra e sim se orgulhando deles.

Precisa-se de pessoas que criem em torno de
si um ambiente de entusiasmo, de liberdade,

de responsabilidade, de determinação,
de respeito e de amizade.

Precisa-se de seres racionais. Tão racionais que compreendam que sua realização pessoal está atrelada à vazão de suas emoções.

É na emoção que encontramos a razão de viver.

Precisa-se de gente que saiba administrar COISAS e liderar PESSOAS.

Precisa-se urgentemente de um novo ser.

Palavras Finais

Querido(a) leitor(a), estou muito feliz por ter compartilhado minhas experiências e vivências com você. Muito obrigada por ter chegado até aqui comigo.

De alguma forma, passamos um tempo juntos e isso foi muito bom. Acredito que os melhores relacionamentos são aqueles que nos inspiram a seguir em frente com mais esperança e mais despertos do que antes.

Espero ter correspondido às suas expectativas quando abriu este livro. Que somente hoje, no tão somente agora, possamos desfrutar de nossas vidas, conscientes de que é preciso caprichar para viver, se almejamos nos tornar cada dia melhores.

Que em algum momento ainda possamos nos encontrar.

Sinta-se abraçado por mim!

Inês Telma

Entre em contato diretamente comigo pelo WhatsApp: (16) 99334-0808, para cursos *on-line* e presenciais de Reiki, e conheça nossas Jornadas. Conheça também nossas Redes Sociais: Instagram, TikTok, YouTube: @viadandhara.